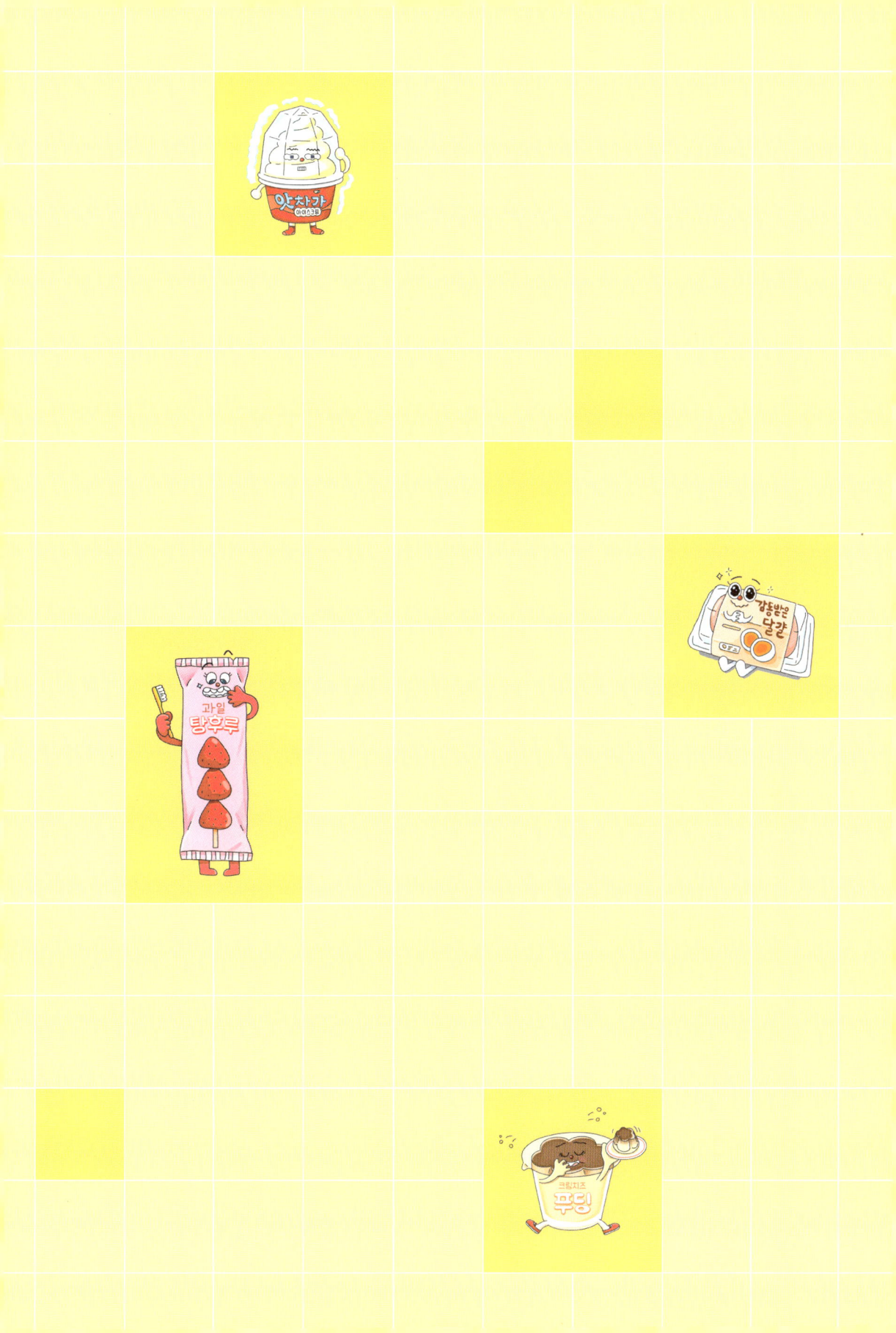

과자 사면
과학 드립니다

초판 1쇄 발행 2025년 4월 18일 | 초판 8쇄 발행 2025년 10월 31일

글쓴이 정윤선 | 그린이 시미씨
펴낸이 홍보람 | 이사 홍성우
편집부장 이정은 | 편집 오미현·노한나 | 디자인 이한나
마케팅 신태섭·최은서 | 관리 최우리·정원경·조영행·김정선
펴낸곳 도서출판 풀빛 | 등록 1979년 3월 6일 제2021-000055호
주소 서울특별시 강서구 양천로 583 우림블루나인 A동 21층 2110호
제조국 대한민국 | 사용연령 8세 이상
전화 02-363-5995(영업) 02-362-8900(편집) | 팩스 070-4275-0445
전자우편 kids@pulbit.co.kr | 홈페이지 www.pulbit.co.kr
블로그 blog.naver.com/pulbitbooks | 인스타그램 instagram.com/pulbitkids

© 정윤선, 시미씨 2025

ISBN 979-11-94636-21-2 (73400)

※ 책값은 뒤표지에 표시되어 있습니다. 파본이나 잘못된 책은 구입하신 곳에서 바꿔 드립니다.
※ 종이에 베이거나 긁히지 않도록 조심하세요. 책 모서리가 날카로우니 던지거나 떨어뜨리지 마세요.

과자 사면 과학 드립니다

정윤선 글 | 시미씨 그림

하교 시간이 다가오면,

학교 앞 편의점은 그 어느 때보다 분주해져.

편의점 먹거리들이 이야기를 준비하느라 바빠지거든.

음식 이야기냐고?

아니, 편의점 먹거리에 숨은 과학 이야기야.

아이들이 편의점 먹거리를 살 때마다

재미있는 과학 이야기를 들려주기로 약속했다나 뭐라나?

과자 사면 과학 주는 편의점으로 놀러 와!

차례 드립니다

과자 코너

12	햇감자칩	비행기에서는 왜 과자 봉지가 부풀어 오를까? 감자는 왜 햇빛을 보면 초록색으로 변할까?
16	버블 풍선껌	껌은 뭘로 만들었을까? 껌을 씹으면 멀미가 사라질까?
20	버섯 초코	초콜릿은 왜 입안에서 더 빨리 녹을까? 초콜릿 표면의 하얀 가루는 무엇일까?
24	아이쿠셔 젤리	신맛의 정체는 무엇일까? 비타민 C를 꼭 먹어야 할까?
28	채소 비스킷	왜 과자에 구멍이 뚫려 있을까? 과자가 눅눅해지는 이유는 뭘까?
32	사르르 솜사탕	솜사탕은 어떻게 만들까? 맛은 어떻게 느낄까?
36	영화관 팝콘	옥수수가 어떻게 팝콘이 될까? 옥수수염은 몇 개일까?

라면&간식 코너

42	찐라면 컵	왜 컵라면 용기는 아래로 갈수록 좁아질까? 라면은 왜 꼬불꼬불할까?
46	불꼬꼬 볶음면	매운 음식을 먹으면 왜 입안이 얼얼할까? 매울 때 물을 마시면 도움이 될까?
50	주머니몬스터 빵	빵은 왜 푹신푹신할까? 띠부띠부씰은 왜 떼었다 붙였다 할 수 있을까?
54	달콤 과일 통조림	통조림의 유통 기한은 왜 길까? 통조림 뚜껑을 따는 원리는 무엇일까?
58	쫀득 고구마 말랭이	고구마 말랭이는 왜 오래 보관할 수 있을까? 군고구마는 어쩜 그리 달콤할까?

음료&아이스크림 코너

64 제로 슈거 콜라 — 콜라는 왜 톡 쏠까?
설탕이 '0'인데 왜 달콤할까?

68 말그미 생수 — 생수는 어떻게 만들까?
왜 생수에서 미세 플라스틱이 나올까?

72 스포츠 음료 — 스포츠 음료와 물은 뭐가 다를까?
열이 날 때 스포츠 음료를 마시면 도움이 될까?

76 안 졸려 캔 커피 — 어린이는 커피를 마시면 안 될까?
왜 커피를 마시면 지구가 아플까?

80 앗 차가 아이스크림 — 소프트아이스크림은 어쩜 그리 부드러울까?
아이스크림을 먹으면 왜 머리가 띵할까?

84 과일 탕후루 — 탕후루 시럽은 왜 저으면 안 될까?
달콤한 음식은 왜 자꾸 생각날까?

88 투명 얼음 컵 — 얼음물을 마실 때 왜 자꾸 얼음이 코에 닿을까?
얼음은 왜 미끄러울까?

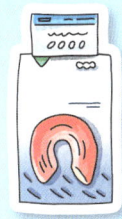

유제품&냉장 코너

94	하이얀 우유	멸균 우유는 정말 냉장고에 안 넣어도 될까? 젖을 먹고 자라는 동물에는 누가 있을까?
98	크림치즈 푸딩	푸딩은 액체일까, 고체일까? 치즈는 어떻게 만들까?
102	감동받은 달걀	달걀이 짭조름한 이유는 뭘까? 유정란과 무정란은 무엇이 다를까?
106	탱글 소시지	소시지는 왜 세로로 터질까? 소시지는 고기일까?
110	엽기적으로 매운 떡볶이	밀떡이 좋을까, 쌀떡이 좋을까? 매운 음식을 먹으면 왜 눈물, 콧물이 날까?
114	마요 삼각김밥	전자레인지로 어떻게 삼각김밥을 데울까? 까만 김은 어디에서 왔을까?
118	통통 햄버거	햄버거는 정말 몸에 안 좋을까? 왜 햄버거를 먹으면 환경이 파괴될까?

과자
코너

비행기에서는 왜 과자 봉지가 부풀어 오를까?

바사삭!

나를 감싸고 있는 봉지는 항상 베개처럼 팽팽해. 바로 질소가 함께 들어 있기 때문이지. 질소는 공기 중에 가장 많이 있는 기체야. 색깔도, 맛도, 냄새도 없어. 보이지도 않고 잡히지도 않아서 아무 역할도 없다고 생각하면 오산!

과자 봉지를 가득 채운 질소는 과자가 잘 부서지지 않도록 보호해 줘. 질소가 쿠션 역할을 하여 충격을 흡수하거든. 또 과자가 산소나 수증기와 만나는 것을 막아 주기도 해. 그래서 내가 갓 튀긴 바삭한 감자칩 맛 그대로인 거야.

왜 하필 질소를 과자 봉지에 넣느냐고? 질소는 과자 맛에 영향을 주지 않으면서, 과자의 모양과 맛을 그대로 지켜 주거든. 예를 들어, 다른 기체 중 산소는 나처럼 기름에 튀긴 과자와 만나면 안 좋은 성분을 만들어 내. 그리고 수증기는 나를 눅눅하게 만들지. 눅눅한 감자칩이라니, 생각만 해도 끔찍하지?

혹시 나처럼 생긴 봉지 과자를 갖고 비행기 타 본 적 있어? 비행기가 떠오를수록 과자 봉지가 터질 듯 팽팽해졌을 거야. 빵! 터지지 않을까 불안할 정도로 말이야.

과자 봉지가 비행기 안에서 부푸는 이유는 비행기가 위로 올라갈수록 기압이 낮아지기 때문이야. 기압은 공기가 누르는 힘을 말해. 높은 곳으로 올라갈수록 공기의 양이 줄어들어서 기압이 낮아져. 그러면 과자 봉지를 누르는 힘도 작아지기 때문에 과자 봉지가 팽팽하게 부푸는 거야. 너무 걱정하지는 마. 비행기가 착륙하면 원래대로 돌아올 테니까!

감자는 왜 햇빛을 보면 초록색으로 변할까?

다들 알고 있겠지만 나는 감자로 만들었어. 조림, 볶음밥, 찌개, 전 등 다양한 요리에 감자가 쓰이지. 감자를 보관할 때는 주의해야 해. 며칠 햇빛이 드는 창가에 두면 금세 초록색으로 변해 버리거든.

감자가 초록색으로 변하는 이유는 사람들이 먹는 동그랗고 울퉁불퉁한 감자가 식물의 줄기이기 때문이야. 정확히는 땅속에 묻혀 있는 줄기인 '덩이줄기'이기 때문이지.

원래 식물의 줄기는 식물을 지탱하고, 물과 영양분을 나르는 역할을 해. 햇빛을 받아 영양분을 만드는 광합성을 하기도 하고. 하지만 감자는 달라. 감자는 땅속에 묻혀 있는 줄기에 영양분을 저장해. 이 부분을 덩이라고 해. 감자의 덩이는 줄기이기 때문에 광합성을 하기 위해 엽록소라는 초록색 색소를 만들지. 그래서 햇빛을 받으면 감자가 광합성을 하려고 엽록소를 만들면서 초록색으로 변하는 거야.

만약 감자가 초록색으로 변했다면 먹으면 안 돼. 초록색으로 변한 감자는 독성 물질이 들어 있거든. 그래서 감자는 빛이 안 드는 서늘한 곳에 보관해야 해.

• 과자 코너 •

버블 풍선껌

과학 지식
65%

삶의 지혜
80%

재미남
100%

더, 더, 크게 불어 봐!

턱 아픔
44%

달콤함
75%

✧ 과학 드립니다 ✧

물체와 물질

우리 몸의 구조와 기능

껌은 멀로 만들었을까?

껌 종류에는 일반 껌과 풍선껌 두 가지가 있어. 나는 사람들이 풍선을 불 수 있도록 일반 껌보다 두꺼워. 자, 나를 입안 가득 넣고 우물우물 씹다가 혀를 이용해 구멍을 내고 공기를 불어넣어 봐. 어때, 풍선 불기 성공했어?

질겅질겅 씹고, 후~ 풍선도 불 수 있는 내가 무엇으로 만들어졌는지 궁금할 거야. 그건 옛사람들에게 물어보면 돼. 아주 오래전 마야 사람들로부터 내가 시작되었거든. 마야 사람들은 '치클'이라고 부르는 나무의 찐득한 수액을 질겅질겅 씹었어.

치클은 고무의 한 종류야. 고무처럼 탄성이 있지. 탱탱 다시 튀어 오르는 고무공이나, 잡아당기면 원래 자리로 돌아오는 고무줄을 떠올려 봐. 모두 원래 상태로 돌아오려고 해. 이런 성질이 바로 탄성이야. 치클도 탄성이 있어. 그래서 치아로 꽉 눌러 씹어도 금방 원래대로 돌아와.

훗날 사람들은 치클에 달콤한 맛과 향을 넣어서 나를 만들었어. 그리고 치클 대신 플라스틱의 한 종류인 '합성수지'로 나를 만들기 시작했어. 플라스틱의 가장 큰 특징은 원하는 대로 모양을 만들 수 있다는 거잖아. 합성수지도 마찬가지야. 입안에서 침과 섞이면 뭉칠 수 있고, 고무처럼 탄성도 있어서 혀로 얇게 펼쳐 풍선을 만들기 좋아.

하지만 문제가 있어. 플라스틱으로 만든 나는 썩지 않아서 환경을 오염시켜. 그래서 사람들은 다시 천연 재료 치클로 나를 만들고 있어. 환경을 보호하는 것은 중요하니까!

껌을 씹으면 멀미가 사라질까?

자동차를 오래 타면 어지럽고 속이 안 좋다고? 그건 멀미가 나는 거야. 멀미약도 먹지 않았는데, 울렁울렁 멀미가 나기 시작하면 정말 괴롭지. 그럴 때는 바로 내가 필요해. 나는 멀미를 줄여 주거든.

 멀미는 자동차나 배를 탈 때처럼 사람의 몸이 익숙하지 않게 흔들릴 때 나타나는 증상이야. 사람의 귓속에는 몸의 움직임을 느껴서 몸의 균형을 잡아 주는 평형 감각 기관이 있어. 평형 감각 기관이 느끼는 것과 눈으로 보이는 시각의 차이가 크면 멀미를 해. 이런 과학적인 이유 말고도 '멀미하면 어떡하지?' 하는 두려움 때문에 멀미를 하기도 하지.

 멀미가 나는데 멀미약이 없다면 나를 질겅질겅 씹어 봐. 나를 씹는 동안 턱과 근육이 움직이며 머리의 혈액 순환을 활발하게 해 줄 거야. 반복적인 씹는 동작이 시각의 차이를 덜 느끼게 하지. 껌의 상큼한 민트 향이나 달콤한 과일 향 덕분에 멀미가 줄어들기도 해. 냄새를 맡는 감각인 후각을 덜 예민하게 만들어서 구토가 나는 걸 늦추는 거야. 그러니 자동차나 배를 타고 멀리 이동할 예정이라면 멀미약과 나를 함께 챙겨!

초콜릿은 왜 입안에서 더 빨리 녹을까?

나는 출시된 날부터 지금까지 인기 과자야. 아마도 달콤한 초콜릿과 바삭한 과자를 한 번에 먹을 수 있어서겠지. 나를 먹을 때는 보통 과자 부분을 손으로 잡고 한입에 먹어. 하지만 가끔 과자만 먼저 떼어 먹는 친구도 있어. 맛있는 초콜릿을 맨 나중에 먹기 위해서지. 그러면 초콜릿이 손에 묻지 않냐고? 글쎄……. 한여름만 아니라면 너무 걱정하지 않아도 돼. 초콜릿은 손에서 잘 녹지 않거든!

어떤 물질이 녹는 것은 고체에서 액체로 변한다는 뜻이야. 이때 고체가 액체로 되기 시작하는 온도를 '녹는점'이라고 해. 물은 얼음에서 물로 녹기 시작하는 녹는점이 0도야.

그럼 초콜릿의 녹는점은 몇 도일까? 초콜릿의 녹는점은 33~36도야. 초콜릿의 녹는점이 일정하지 않은 건 초콜릿에 여러 물질이 섞여 있기 때문이지. 다른 물질이 섞이지 않은 물처럼 순수한 물질의 녹는점이 딱 떨어지는 것과 달라.

사람 몸의 체온은 초콜릿의 녹는점보다 높은 36.5도야. 초콜릿의 녹는점보다 체온이 높으니까 초콜릿이 손에서 잘 녹을 것 같다고? 아니야. 체온은 부위별로 조금씩 다르거든.

입안 온도는 보통 36.5도와 비슷하거나 조금 높아. 초콜릿의 녹는점보다 높아서 입안에서는 초콜릿이 잘 녹지. 하지만 사람 몸의 끝부분인 손과 발의 온도는 36.5도보다도, 초콜릿의 녹는점보다도 조금 낮아. 그래서 초콜릿을 손으로 잡아도 초콜릿이 잘 녹지 않아. 물론 꼭 쥐면 손에서 열이 계속 전달되어 녹아 버릴 테지만 말이야. 그러니까 좋아하는 초콜릿이라고 손에 꼭 쥐지 말고, 살짝 잡아 입안에 쏙 넣어!

초콜릿 표면의 하얀 가루는 무엇일까?

초콜릿에 하얀 가루가 묻어 있는 것을 본 적 있어? 혹시 곰팡이가 핀 것은 아닌지, 상한 것은 아닌지 걱정했을 거야.

보통 초콜릿에 묻은 하얀 가루는 먹어도 돼. 초콜릿을 만들 때 사용한 카카오버터가 녹았다가 다시 굳으면서 하얗게 된 것이거든. 카카오버터는 초콜릿의 주재료인 카카오 열매에서 얻은 기름으로 만든 버터야.

그런데 모든 초콜릿에 하얀 가루가 생기는 건 아니야. 초콜릿을 만들 때나 보관할 때 가장 중요한 것은 온도인데, 적절한 온도를 잘 맞추지 않으면 초콜릿에 하얀 가루가 생겨. 카카오버터, 설탕, 우유 등 초콜릿을 만드는 여러 재료 중 카카오버터의 녹는점이 가장 낮아. 그래서 초콜릿을 높은 온도에서 보관하면, 카카오버터가 녹아 표면으로 나오고, 다시 굳어지면서 하얀 가루를 만들지.

그러니까 안심해. 초콜릿 표면의 하얀 가루는 대개 카카오버터니까.

신맛의 정체는 무엇일까?

나는 아주아주 셔. 내가 신맛이 나는 건 내 안에 '산'이 들어 있기 때문이야. 산은 물에 녹았을 때 산성을 띠는 물질을 말해. 산성을 띠는 물질은 주로 신맛을 내. 철이나 구리 같은 금속과 만나면 뽀글뽀글 수소 기체를 만들고, 물에 녹으면 전류를 흐르게 하지. 학교에서 레몬이나 오렌지 같은 신맛이 나는 과일에 전극을 꽂고 꼬마전구에 불을 켜는 실험 해 봤지? 이때 꼬마전구에 불이 켜진 이유는 과일에 있는 산이 전류를 흐르게 하기 때문이야.

어떤 물질이 산성인지 궁금하다고? 그러면 지시약을 이용하면 돼. 과학실에서 쉽게 볼 수 있는 리트머스 종이도 지시약 중 하나지. 산성 물질은 푸른 리트머스 종이를 붉게 변화시켜.

산이 들어 있는 먹거리에는 식초, 김치, 레몬, 사이다 등이 있어. 대개 신맛이 나는 게 특징이야.

이제 내 신맛의 정체를 알았지?

비타민 C를 꼭 먹어야 할까?

내가 담긴 포장지를 자세히 본 적 있어? 한번 봐 봐. '비타민 C'라고 크게 써 있지? 다른 성분은 작게 표시하면서 왜 비타민 C가 들어 있다는 것만 앞면에 크게 표시할까? 바로 비타민 C가 피로감을 줄여 주고, 사람 몸에 꼭 필요하기 때문이야.

비타민은 사람 몸의 기능을 조절하는 필수 영양소야. 사람 몸에서 만들어 내지 못하기 때문에 음식을 통해 섭취해야 하지. 비타민이 부족하면 질병에 걸릴 수 있어. 그러니 알맞은 양의 비타민을 먹는 게 중요해.

비타민 C가 부족하면 사람 몸에 어떤 일이 생길까? 비타민 C가 부족하면 괴혈병에 걸릴 수도 있어. 괴혈병에 걸리면 몸이 피로하고 잇몸에서 피가 나. 뼈와 근육이 약해져 심하면 사망에 이를 수도 있지.

이 사실은 18세기에 커다란 배를 타고 새로운 대륙을 찾으러 다니던 대항해 시대에 밝혀졌어. 영국의 제임스 쿡 선장의

배로 항해하던 선원들이 어느 날부턴가 정체 모를 질병으로 시름시름 앓기 시작했어. 쿡 선장은 선원들이 오랜 항해로 과일과 채소를 먹지 못했기 때문이라는 걸 알아냈지. 쿡 선장은 아픈 선원들에게 오렌지 주스를 먹였어. 그러자 어떻게 됐게? 선원들의 병이 깨끗이 나았어!

　괴혈병이 너무 무섭다고 걱정하진 마. 건강을 유지하는 데에는 적은 양의 비타민이면 충분하니까. 음식을 골고루 먹고, 신선한 과일과 채소를 먹는 것만으로도 충분히 비타민 C를 섭취할 수 있어. 가끔 나처럼 비타민 C가 들어간 젤리를 먹어도 되고 말이야.

왜 과자에 구멍이 뚫려 있을까?

 곡물 비스킷, 통밀 비스킷, 참깨 비스킷 등 내 친구들은 아주 다양해. 우리의 공통점은 모두 비스킷이라는 이름을 가지고, 납작한 과자 표면에 구멍이 뚫려 있다는 거야.

 혹시 비스킷에 난 구멍이 몇 개인지 세어 본 친구 있어? 비스킷마다 다르지만, 어떤 비스킷에는 열 개도 넘는 구멍이 뚫려 있다는 사실! 그런데 사람들은 왜 비스킷을 만들 때 구멍을 뚫었을까?

 반죽 속에 있는 수분, 즉 물기를 빼서 나를 바삭바삭하게 만들기 위해서야! 나를 만들려면 밀가루에 설탕, 우유, 버터, 베이킹파우더 등과 같은 재료를 섞어 반죽해야 해. 그런 다음 오븐에 굽지. 이때 중요한 것은 반죽을 동글납작하게 펴 준 다음 구멍을 뚫고 오븐에 넣는 거야. 굽는 도중에 반죽에 있는 물이 수증기가 되어 구멍으로 빠져나갈 수 있도록 말이야.

 액체 상태인 물은 열을 받으면 기체 상태인 수증기로 바뀌

채소 비스킷

어. 액체는 담는 그릇에 따라 모양이 변하고, 기체는 담는 그릇에 따라 모양이 변하는 동시에 그릇을 항상 채우는 물질의 상태야.

물이 빠져나가면 바삭바삭하면서도 단단한 내가 완성돼! 또 굽는 과정에서 만들어지는 기체를 구멍으로 배출해 빵처럼 부풀지 않고 납작한 모양을 유지할 수 있지.

과자가 눅눅해지는 이유는 뭘까?

나는 정말 맛있지만, 한 번에 다 먹지 못하고 남길 때도 있어. 그런데 남은 나를 그대로 둔다면, 눅눅해져서 제맛이 나지 않을 거야. 나는 바삭바삭한 맛이 생명인데 말이야.

내가 눅눅해지는 이유는 공기 중에 섞인 수증기 때문이야. 공기에 포함된 수증기가 때때로 과자 안으로 흡수되는데, 그러면 과자가 눅눅해지거든. 장마철같이 습도가 높은 날이라면, 한 시간도 지나지 않아 과자가 눅눅해지지.

 습도는 공기 중에 포함된 수증기의 양을 말해. 수증기가 많으면 습도가 높고, 수증기가 적으면 습도가 낮아.

 습도가 낮아 건조한 날에는 물컵에 떠 놓은 물이 점점 줄어들어. 공기로 증발하는 물이 더 많다는 이야기지. 증발은 액체 상태의 물이 기체 상태로 변해 공기 중으로 들어가는 거야. 그래서 건조한 날에는 빨래에 있는 물이 수증기로 증발해서 빨래가 더 잘 말라.

 반대로 습도가 높아 습한 날에는 물컵에 떠 놓은 물이 좀처럼 줄어들지 않아. 이미 공기 중에 수증기가 가득하기 때문에 더 이상 물이 증발하지 않는 거야. 공기 중에 수증기가 많으니까 빨래가 잘 마르지 않고, 바삭바삭한 과자가 눅눅해지는 거지. 그러니까 바삭바삭한 나를 먹고 싶다면, 내 몸에 공기에 있는 수증기가 들어오지 못하도록 막아야 해. 먹고 난 다음 과자 봉지를 다시 묶어 놓는 것을 잊지 마!

나를 만드는 모습을 본 적 있어? 없다고? 내가 만들어지는 과정을 알게 된다면, 나를 더 좋아하게 될 거야. 굉장히 신기하거든!

우선 나를 만드는 기계에 대해서 알려 줄게. 기계도 아주 신기해. 한가운데 있는 구멍 안에 설탕과 알록달록한 색소를 넣으면 실 같은 기다란 설탕이 나오지.

기계 안쪽에는 설탕을 녹이는 가열 장치가 있고, 동그란 구멍은 뱅글뱅글 빠르게 돌아가. 가운데 구멍에 설탕을 넣으면 설탕이 녹지. 고체인 설탕이 액체인 설탕 시럽이 되는 거야. 시럽이 담긴 용기도 뱅글뱅글 빠르게 돌아가. 중요한 것은 용기 옆면에 있는 작은 구멍이야. 설탕 시럽이 뱅글뱅글 빠르게 돌아가다 보면 설탕 시럽이 작은 구멍을 통해 용기 바깥쪽으로 뿜어져 나와.

신발이 담긴 신주머니를 크게 뱅글뱅글 돌려 본 적 있어? 신발이 신주머니 끝에 딱 달라붙어서 절대로 안 떨어졌을 거야. 뱅글뱅글 돌아가는 물체는 바깥쪽으로 향하는 힘인 원심력을 받게 되거든.

이처럼 설탕 시럽도 뱅글뱅글 돌다 보면 바깥쪽으로 향하는 힘을 받아, 작은 구멍을 통해 바깥으로 나와. 밖으로 나오면 식어서 가느다란 실 모양의 고체가 돼. 이 설탕 실을 막대에 감아 주면 부드럽고 달콤한 내가 완성되지!

맛은 어떻게 느낄까?

어떤 맛을 가장 좋아해? 뭐니 뭐니 해도 나처럼 달콤한 맛, 단맛이 최고일 거야. 단맛을 느끼면 기분이 좋아지잖아.

이렇게 맛을 느끼는 감각을 미각이라고 해. 사람의 미각은 단맛, 짠맛, 쓴맛, 신맛, 감칠맛을 느낄 수 있어. 이런 미각을 받아들이는 감각 기관은 입안에 있는 혀야. 혀를 자세히 봐 봐. 오톨도톨한 작은 돌기가 아주 많지? 이 작은 돌기 하나를 유두라고 해. 유두의 옆면에 맛봉오리가 있는데, 여기에 맛을 알아차리는 미각 세포가 모여 있어. 맛봉오리의 다른 이름은 '미뢰'야.

음식을 먹으면 맛을 내는 성분이 맛봉오리에 닿아. 그러면 미각 세포가 맛의 자극을 받아들이고, 그 맛의 감각을 신경이라는 통로를 통해 대뇌에 전달해. 감각을 전달받은 대뇌는 어떤 맛을 느꼈는지 알고, 적절한 반응을 다시 신경을 통해 근육으로 내려보내. 신맛을 느꼈으면 인상을 찌푸리게 하고, 쓴맛을 느꼈으면 음식을 뱉게 하지. 나처럼 달콤한 맛을 느꼈으면 행복한 미소를 짓게 하고!

맛을 느낄 땐 냄새를 맡는 감각인 후각도 조금 영향을 줘. 그래서 코감기가 심해서 냄새를 잘 맡지 못할 때, 음식의 맛을 잘 느끼지 못하는 거야. 또 음식의 온도와 음식의 질감을 느끼는 감각인 촉각도 맛을 느끼는 데 영향을 줘.

옥수수가 어떻게 팝콘이 될까?

축구 경기를 볼 때 생각나는 음식은 치킨! 그럼 영화를 볼 때 생각나는 음식은? 바로 나, 팝콘이야. 고소한 버터 향을 풍기는 나는 바삭하면서도 부드러워. 그런데 내가 단단한 옥수수 알갱이로 만들어졌다는 사실 알고 있어? 옥수수 알갱이가 톡, 하고 터지면 내가 되는 거지. 도대체 무슨 말이냐고?

내가 만들어지는 과정을 이야기해 줄게. 단단한 팝콘용 옥수수 알갱이를 버터를 녹인 프라이팬에 넣어. 그리고 뚜껑을 덮고 가열하면서 기다려. 시간이 지나면 톡톡톡 소리와 함께 옥수수 알갱이가 하얀 꽃으로 터지는 것을 볼 수 있어.

옥수수 알갱이의 변신은 바로 옥수수 안에 들어 있는 수분, 즉 물 때문이지. 나를 만드는 옥수수 알갱이는 단단한 껍질로 싸여 있지만, 사실 안에 물을 갖고 있거든. 가열하면 옥수수 알갱이 안에 있는 물은 수증기가 돼. 액체 상태인 물이 가열되어 기체 상태인 수증기로 변하는 거야. 액체가 기체가 되면 부피가 커져서 더 많은 공간을 필요로 해. 옥수수 알갱이 속 물도 수증기가 되며 팽창하지. 하지만 옥수수 알갱이는 껍질이 매우 단단해서 팽창한 수증기의 부피만큼 커지지 못해. 결국 옥수수 알갱이는 안에서 시작된 수증기의 힘을 이기지 못해 터져 버리고 말지. 이렇게 해서 하얀 꽃처럼 생긴 내가 탄생하는 거야.

수증기의 힘 덕분에 나를 먹을 수 있게 되었다니, 정말 신기하지?

옥수수수염은 몇 개일까?

여름이 되면 농촌에서 사람 키만큼 높이 자란 옥수수를 흔히 볼 수 있어. 보통 1.5미터에서 2.5미터까지 자라. 옥수수는 외떡잎식물에 한해살이 식물이야. 외떡잎식물은 떡잎이 한 장 나오는 식물로, 나란히맥 잎과 가느다란 뿌리 여러 개가 달린

수염뿌리를 가지고 있어. 외떡잎식물에는 벼, 보리, 강아지풀, 수선화 등이 있어. 한해살이 식물은 이름 그대로 딱 1년만 사는 식물이야. 한살이 과정이 1년 안에 이루어지지. 벼, 강낭콩, 해바라기, 토마토 등이 한해살이 식물이야.

옥수수에는 다른 식물에서는 잘 볼 수 없는 것이 있어. 바로 옥수수수염이야. 기다란 초록색 대에 옥수수가 열려 있으면, 어김없이 그 위로 노란색 또는 갈색 수염이 나. 할아버지 수염 못지않지.

옥수수수염이 몇 개인지 알아? 몇 개인지 세어 볼 엄두가 나지 않는다고? 힌트를 하나 줄게. 옥수수수염이 어디에서 시작하는지 살펴봐. 옥수수수염은 바로 옥수수 알갱이에서 시작돼. 옥수수 알갱이 하나에 옥수수수염 하나로, 옥수수수염의 개수는 옥수수 알갱이 수와 같아. 그러니까 옥수수 알갱이 개수를 세면 옥수수수염 개수도 알 수 있어.

라면 & 간식 코너

출출할 땐 내가 딱이지!

• 라면 코너 •

찐라면 컵

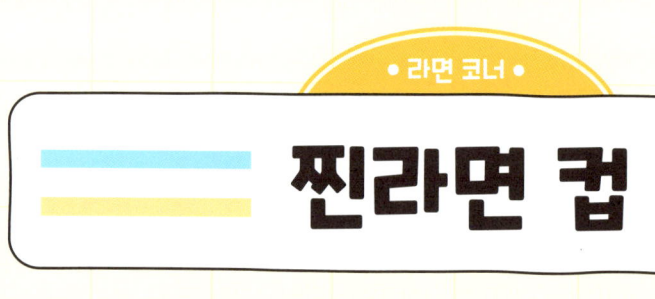

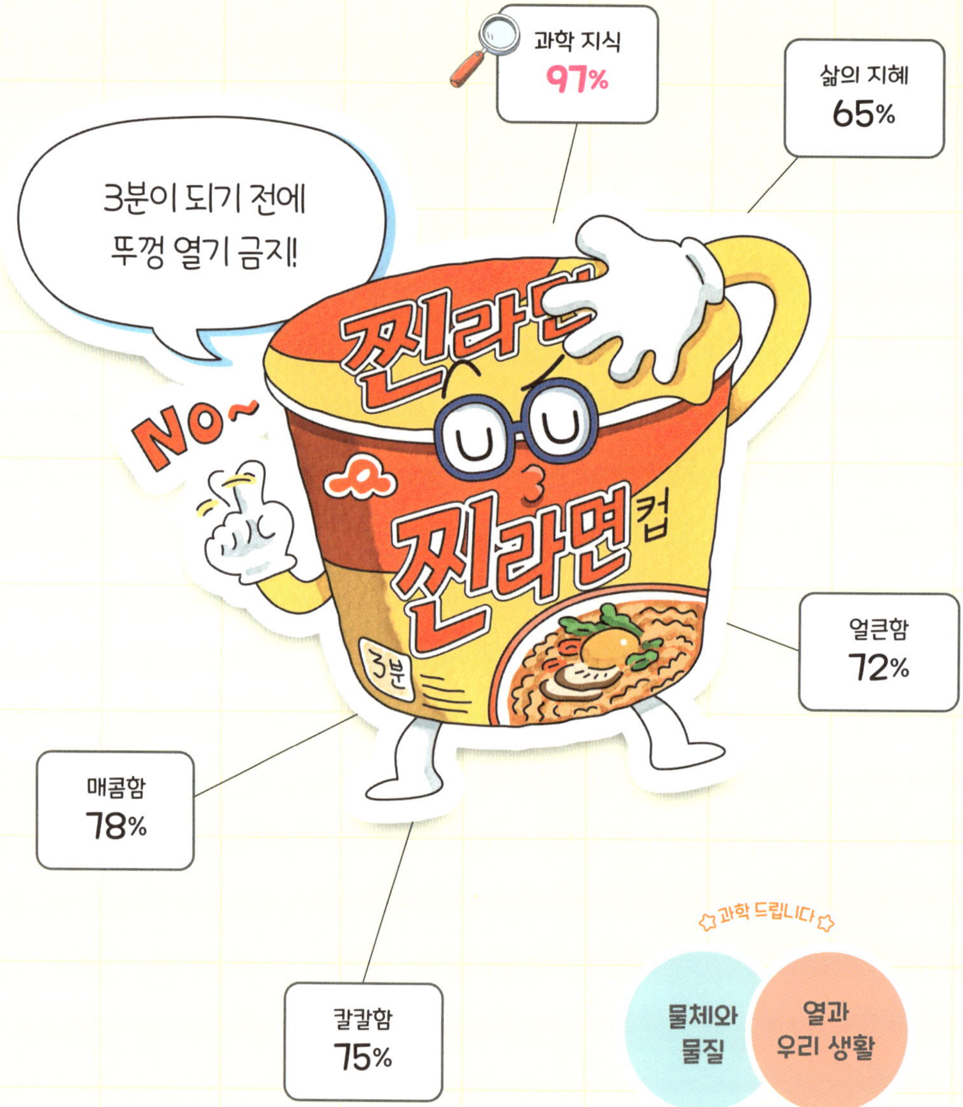

과학 지식
97%
삶의 지혜
65%
3분이 되기 전에
뚜껑 열기 금지!
NO~
찐라면
찐라면 컵
3분
얼큰함
72%
매콤함
78%
칼칼함
75%

과학 드립니다

물체와 물질

열과 우리 생활

왜 컵라면 용기는 아래로 갈수록 좁아질까?

　매운 컵라면, 짜장 컵라면, 우동 컵라면, 비빔 컵라면, 고소한 컵라면! 나와 친구들은 끓는 물만 부으면 3분 만에 먹을 수 있어. 그런데 진열대에 나와 친구들이 쌓여 있는 모습 본 적 있어? 어떤 컵라면을 보아도 용기 모양이 아래로 갈수록 좁아지지 않니?

　컵라면 용기가 아래로 갈수록 좁아지는 이유는 3분 안에 면을 익히기 위해서야. 컵라면을 뜯어 보면, 아래가 좁은 용기 때문에 면이 바닥에 닿지 않고 중간에 떠 있는 걸 볼 수 있어. 면을 최대한 뜨거운 물에 담그기 위해서, 일부러 용기 아래를 좁게 만들어 면을 중간에 띄운 거야.

　뜨거운 물은 가만히 있지 않고 움직여. 열을 많이 가진 뜨거운 물은 위로 가고, 공기와 맞닿아 식은 물은 아래로 내려가지. 그래서 열이 전체에 고루 퍼지게 돼. 이렇게 뜨거운 물이 위로 가고, 차가운 물이 아래로 내려가며 열이 전달되는 현상을 '대류'라고 해. 면이 익으려면 물이 뜨거워야 하잖아? 그래서 가장 뜨거운 물에 면이 잠길 수 있도록 면을 띄우는 거야. 3분 안에 가장 뜨겁게 면을 익히기 위해서!

라면은 왜 꼬불꼬불할까?

씬 라면, 들깨 라면, 나구리 라면……. 진열대를 가득 채우는 다양한 라면은 모두 매운 정도도, 맛도, 색깔도 달라. 하지만 모든 라면에는 하나의 공통점이 있어. 바로 면이 꼬불꼬불하다는 것!

라면이 꼬불꼬불한 데에는 몇 가지 이유가 있어. 먼저 면이 꼬불꼬불하면 포장하기 좋아. 직선으로 만든 면보다 봉지 안에 더 많이 넣을 수 있거든. 또 직선으로 만든 면보다 충격에 강해. 라면이 운반되어 팔려 나가기까지 잘 부서지지 않아 좋지. 마지막으로 꼬불꼬불한 면은 열이 원활하게 이동하게 해 줘. 직선으로 된 면은 서로 딱 붙어 있어서 물이 잘 이동하지 못하지만, 면과 면 사이에 구멍이 숭숭 난 꼬불꼬불한 면은 물이 잘 이동할 수 있거든. 면과 면의 틈 사이로 뜨거운 물이 올라와 면을 익히는 거지.

뜨거운 라면을 먹을 때 쇠젓가락을 사용한 적 있지? 쇠젓가락이 뜨거워져서 입이 데일 뻔한 적도 있을 거야. 끓는 물의 열이 젓가락에 닿아 젓가락으로 옮겨 갔기 때문이야. 이처럼 높은 온도의 물체와 낮은 온도의 물체가 닿았을 때, 온도가 높은 곳에서 낮은 곳으로 열이 전달되는 것을 '전도'라고 해.

열이 전달되는 정도는 물질의 성질에 따라 달라. 금속은 열이 잘 전달되고, 나무나 플라스틱은 열이 잘 전달되지 않아. 그래서 나무젓가락이나 플라스틱 젓가락은 라면을 먹을 때 뜨거워지지 않는 거야.

매운 음식을 먹으면 왜 입안이 얼얼할까?

　우리나라 사람들은 나처럼 매운 음식을 좋아해. 땀을 뻘뻘 흘리면서도 일주일에 몇 번씩 매운 음식을 찾지. 그런데 왜 매운 음식을 먹으면 입안이 얼얼할까?

　먼저 매운 음식과 관련된 감각에 대해 알아보자. 사람 몸이 바깥에서부터 오는 자극을 받아들이는 것을 감각이라고 해. 새가 날아가는 것을 보는 시각, 친구의 이야기를 듣는 청각, 아빠의 방귀 냄새를 맡는 후각, 달콤한 맛을 느끼는 미각, 부드러운 옷감을 만지는 촉각 등이 있지. 이 중 맛을 느끼는 감각은 미각이야. 미각을 받아들이는 감각 기관은 혀에 있고, 단맛, 짠맛, 쓴맛, 신맛, 감칠맛을 느껴. 미각 세포는 맛을 느낀 다음 맛의 감각을 대뇌로 전달해.

　그런데 나의 매운맛은 감각 기관에 있어서는 맛이 아니야. 매운맛은 미각 세포가 아닌, 통각 세포를 통해 전달되거든. 통각이란 고통을 느끼는 감각으로, 피부의 자극이나 몸 안의 자극으로 일어나. 매운맛이 입안으로 들어오면, 혀에 있는 통각 세포가 매운맛을 받아들여서 대뇌로 전달해. 통각 세포는 통증뿐 아니라 고온의 열을 느끼기도 하는 감각 기관이야. 그래서 매운 음식을 먹으면 사람의 뇌는 아픈 것처럼 얼얼하고 화끈거리는 열 감각을 느끼고, 열을 느꼈을 때처럼 땀이 뻘뻘 나는 거야.

이제 나를 먹으면 입안이 얼얼해지는 이유를 알겠지?

매울 때 물을 마시면 도움이 될까?

매운 음식을 먹고 혀가 얼얼해서 어쩔 줄을 모를 때가 있어. 떡볶이처럼 매운맛을 단계별로 선택할 수 있으면 다행이지만 예상치 못한 매운맛을 느낄 때가 있잖아. 아빠가 하나도 안 매운 고추라며 풋고추를 주셔서 크게 한 입 베어 먹었는데, 너무 매워서 눈물이 핑 돌 때처럼 말이야. 물을 벌컥벌컥 마셔도 여전히 매워. 이럴 때는 어떻게 하면 좋을까?

 매운맛을 내는 물질의 성질을 아는 것이 중요해. 매운맛의 원인은 보통 캡사이신이야. 캡사이신은 고추에 들어 있는 화학 물질이지. 캡사이신은 물에 녹지 않고, 기름에 녹아. 그러니 아무리 물을 마셔도 혀가 얼얼하고 매운맛이 가시지 않는 거야. 대신 기름이라면 캡사이신을 어느 정도 녹일 수 있어.

 기름을 먹으라는 거냐고? 아니! 기름, 다시 말해 지방 성분이 있는 우유를 먹으면 돼. 치즈, 요구르트, 아이스크림처럼 우유로 만든 유제품도 괜찮고. 그렇다고 유제품만 믿고 매운 음식을 너무 많이 먹으면 안 돼. 캡사이신이 잔뜩 들어간 매운 음식은 위에 자극을 줘서 속을 아프게 만들거든.

• 간식 코너 •
주머니몬스터 빵

과학 지식 **63%**

삶의 지혜 **42%**

어떤 스티커가 들어 있는지 궁금하지?

푹신함 **88%**

궁금함 **99%**

달콤함 **69%**

☆과학 드립니다☆

물체와 물질

빵은
왜 푹신푹신할까?

나는 푹신푹신한 빵! 나를 한 입 베어 물고, 빵의 단면을 봐 봐. 크고 작은 구멍이 여러 개 있지? 케이크라면 아주 작은 구멍이 아주 많이 있고, 일반 빵이라면 조금 큰 구멍이 여러 개 있을 거야. 바로 이 구멍 때문에 내가 푹신푹신하고 부드러운 거야.

이런 구멍이 있는 이유는 내가 구워질 때 이산화 탄소가 생기기 때문이야. 이산화 탄소는 사람이 숨을 내쉴 때 나오는 색도 없고, 냄새도 없는 기체야. 나처럼 편의점이나 마트에서 파는 빵들은 더욱 푹신푹신하고 부드럽게 만들기 위해서 베이킹파우더를 넣어 일부러 이산화 탄소를 생기게 해. 베이킹 파우더는 가열하거나 물과 만나면 이산화 탄소를 만들거든. 그래서 베이킹파우더와 물을 넣고 밀가루 반죽을 만들면 이산화 탄소가 생기며 반죽이 부풀어.

반죽을 부풀리는 데에는 다른 방법도 있어. 효모를 이용하는 거야. 효모는 자연에 있는 미생물을 말해. 건조된 효모를 물에 불린 다음 설탕과 물을 넣고 밀가루 반죽을 하면 효모가 설탕을 먹고 반죽을 발효시켜 이산화 탄소를 만들어. 그래서 반죽이 부풀지.

베이킹파우더와 효모 모두 반죽을 부풀려 나를 만드는 데 쓰이지만, 차이점이 있어. 베이킹파우더는 발효 시간을 기다리지 않아도 돼서 빨리 만들 수 있고, 맛에 영향을 주지 않아. 그래서 빵을 대량 생산할 때 주로 쓰이지. 효모는 발효 시간을 기다려야 하는 대신, 발효 과정에서 좋은 풍미가 생겨.

띠부띠부씰은 왜 떼었다 붙였다 할 수 있을까?

나를 사 먹는 이유가 뭐야? 빵이 먹고 싶어서라고? 에이, 솔직하게 말해 봐. 함께 들어 있는 캐릭터 띠부띠부씰 스티커를 모으기 위해서지? 이 스티커를 유리창에 붙이는 친구도 많을 거야. 흔적 없이 떼었다 붙일 수 있기 때문에 엄마에게 꾸중을 들을 걱정이 없잖아.

띠부띠부씰 스티커를 여러 번 붙였다 뗄 수 있는 이유는 접착제 대신 점착제를 사용하기 때문이야. 스티커가 잘 붙으려면 붙이려는 곳인 접착면과 스티커가 찰싹 달라붙어야 해. 접착제 성분은 촘촘히 빈틈없이 메우려는 성질이 있어서 한 번 붙으면 떼어 내기 어려워. 반면에 점착제 성분은 빈틈이 많아 접착면에 꼭 붙지 않고 여러 번 떼어 낼 수 있어.

이런 띠부띠부씰 스티커를 만들 때 중요한 점이 또 있어. 바로 탄성 있는 재료로 만들어야 한다는 거야. 탄성은 모양이 변형되었을 때 원래대로 돌아오려는 성질을 말해. 만약 종이로 스티커를 만든다면, 아무리 점착제를 사용해도 금방 찢어지고 말 거야. 하지만 주욱 늘어나는 탄성 있는 재료로 스티커를 만든다면 여러 번 떼었다 붙여도 끄떡없지.

통조림의 유통 기한은 왜 길까?

무더운 여름에는 얼음을 동동 띄운 과일 화채가 최고야. 그런데 집에 수박도, 참외도 없다면? 주방에 내가 있는지 봐 봐. 나로 만든 화채도 아주 맛있거든. 또 나는 유통 기한이 꽤 길다는 사실! 보통 과일은 일주일이면 물러지고, 오래되면 이상한 냄새와 함께 즙이 나와 먹을 수 없어. 하지만 나는 오래 보관할 수 있지.

과일이나 식품이 상하는 것은 바로 공기 중에 있는 미생물 때문이야. 미생물은 사람 눈에는 보이지 않고, 현미경으로나 볼 수 있는 아주 작은 생물을 말해. 종류도 생김새도 다양하지. 이 중에는 식품을 상하게 하는 미생물이 있어. 그리고 이런 미생물로부터 식품을 보호하는 방법 중 하나가 바로 나, 통조림이야. 참치 통조림, 골뱅이 통조림, 복숭아 통조림 등 많은 식품을 통조림으로 만들면 오래 보관할 수 있어.

오래 보관하는 비법은 가열과 밀봉이야. 밀봉은 공기가 통하지 않도록 꽉 막는 거지. 통조림에 깨끗이 씻어 자른 과일과 설탕 시럽을 담아 밀봉하고 끓여. 미생물은 열에 약하기 때문에 100도로 가열하면 모두 죽거든. 게다가 밀봉해서 바깥 공기에 있는 다른 미생물이 들어갈 수도 없지.

그래서 통조림은 냉장고에 넣지 않아도 상하지 않는 거야. 히말라야산맥을 등반하던 사람들이 100여 년 된 통조림을 발견했는데, 상하지 않았다는 이야기도 있어.

하지만 '대부분 그렇다'는 말이야. 나도 완전히 믿으면 안 돼. 만약 통조림이 찌그러져 있거나 부풀어 있으면, 파손되어 내부 식품이 상했다는 증거이니 절대 먹으면 안 돼!

통조림 뚜껑을 따는 원리는 무엇일까?

나, 통조림은 나폴레옹 시대에 개발되었어. 그때만 해도 유리병에 담은 유리병 조림이었지. 그 뒤 금속으로 나를 만들고 밀봉해서 운반하기 좋게 만들었어. 그런데 문제는 단단하게 밀봉된 나를 열 방법이 없다는 거였어. 생각해 봐. 금속으로 꽉 밀봉했는데 어떻게 열겠어? 열 방법이 없자 통조림은 인기를 끌지 못했어. 하지만 곧 톱니바퀴 모양의 따개가 발명되었고, 덕분에 나는 많은 사람에게 사랑받기 시작했지.

나를 따는 방법은 한 번 더 진화했어. 바로 뚜껑에 동그란 고리 모양의 손잡이를 붙인 거야. 통조림 뚜껑에 붙은 손잡이를 세우면 고리 안쪽이 뚜껑을 받치고, 손의 힘이 뚜껑을 미는 곳에 작용해. 덕분에 쉽게 뚜껑을 들어 올릴 수 있어. 마치 무거운 물건을 들어 올릴 때 긴 막대 지렛대를 쓰는 것처럼 말이지. 지렛대는 힘을 작용하는 지점을 바꿈으로써 물건을 쉽게 들어 올리게 하는 도구야. 통조림을 더 쉽게 열고 싶다면 손잡이 고리에 숟가락을 끼워 지레를 길게 하면 힘이 덜 들어.

하지만 아무리 손쉽게 뚜껑을 들어 올린다 해도 통조림 뚜껑이 날카롭다는 사실은 변하지 않아. 그러니 어른과 함께 통조림 뚜껑을 조심조심 열어야 해.

• 간식 코너 •

쫀득 고구마 말랭이

과학 지식
72%

나처럼 쫀득한 고구마는 못 봤을걸?

삶의 지혜
70%

쫀득함
98%

달콤함
69%

☆과학 드립니다☆

든든함
54%

물의 상태 변화

고구마 말랭이는 왜 오래 보관할 수 있을까?

쫀득한 나를 좋아해? 아니면 부드러운 찐 고구마를 좋아해? 물론 찐 고구마도 맛있지만, 나는 찐 고구마를 꾸덕꾸덕하게 말린 것이기 때문에 쫀득한 맛이 좋다는 걸 잊지 마. 게다가 나는 더 오래 보관할 수도 있어.

나를 더 오래 보관할 수 있는 이유는 바로 '말랭이'라는 이름에 나와 있지. 말랭이는 말 그대로 말렸다는 거야. 바람이나 열로 건조해서 수분을 증발시켰다는 뜻이지.

고구마의 영양 성분 중 가장 많은 것은 수분이야. 그리고 수분이 있는 음식은 음식을 상하게 하는 미생물이 활동하기 쉬워. 하지만 수분을 15퍼센트보다 적게 남도록 건조하면, 미생물이 활동할 수 없어서 음식을 오래 보관할 수 있어.

아주 오래전부터 사람들은 음식을 건조해서 오래 보관했어. 고기를 양념한 다음 건조해 육포를 만들어 먹었고, 생선을 건조해 먹기도 했지. 또 나물이나 과일을 건조해서 먹기도 하고.

이뿐만이 아니야. 우유를 건조한 분유, 커피를 건조한 분말 커피도 바로 내 말랭이 친구들이지.

건조 식품은 우주에까지 나간다는 사실! 우주인들이 우주선에서 밥을 해 먹을 수는 없잖아. 아주 낮은 온도에서 냉동 건조한 식품은 수분이 거의 없기 때문에 오래 보관할 수 있고 가벼워. 그래서 우주인들의 식사로 딱이지! 내 친구들 좀 대단하지?

군고구마는 어쩜 그리 달콤할까?

찐 고구마, 군고구마, 고구마튀김 등 고구마 간식들은 모두 달콤해. 고구마가 달콤한 이유는 고구마 안에 있는 탄수화물이라는 영양소 때문이야.

탄수화물은 고구마에서 수분 다음으로 두 번째로 많은 영양소야. 사람 몸에 에너지를 공급해 주는 필수 영양소지. 사람 몸에 꼭 필요한 필수 영양소에는 탄수화물뿐 아니라 단백질과 지방 등이 있어.

사실 탄수화물은 그 자체로는 단맛이 나지 않아. 하지만 효소를 만나면 단맛을 내는 성분으로 바뀌어. 효소는 생물체 안에서 일어나는 여러 반응을 빠르게 하거나 늦추는 일을 하는데, 고구마에는 탄수화물을 단맛으로 바꿔 주는 효소가 있어. 이 효소가 가장 활발히 활동하는 온도는 55~65도야. 그래서 60도 부근의 온도에서 은근한 열과 바람으로 익힌 군고구마가 달콤한 거지. 훨씬 높은 온도로 가열한 찐 고구마가 군고구마보다 덜 달콤한 이유도 이것 때문이고.

물론 고구마 종류에 따라 단맛은 다를 수 있다는 사실!

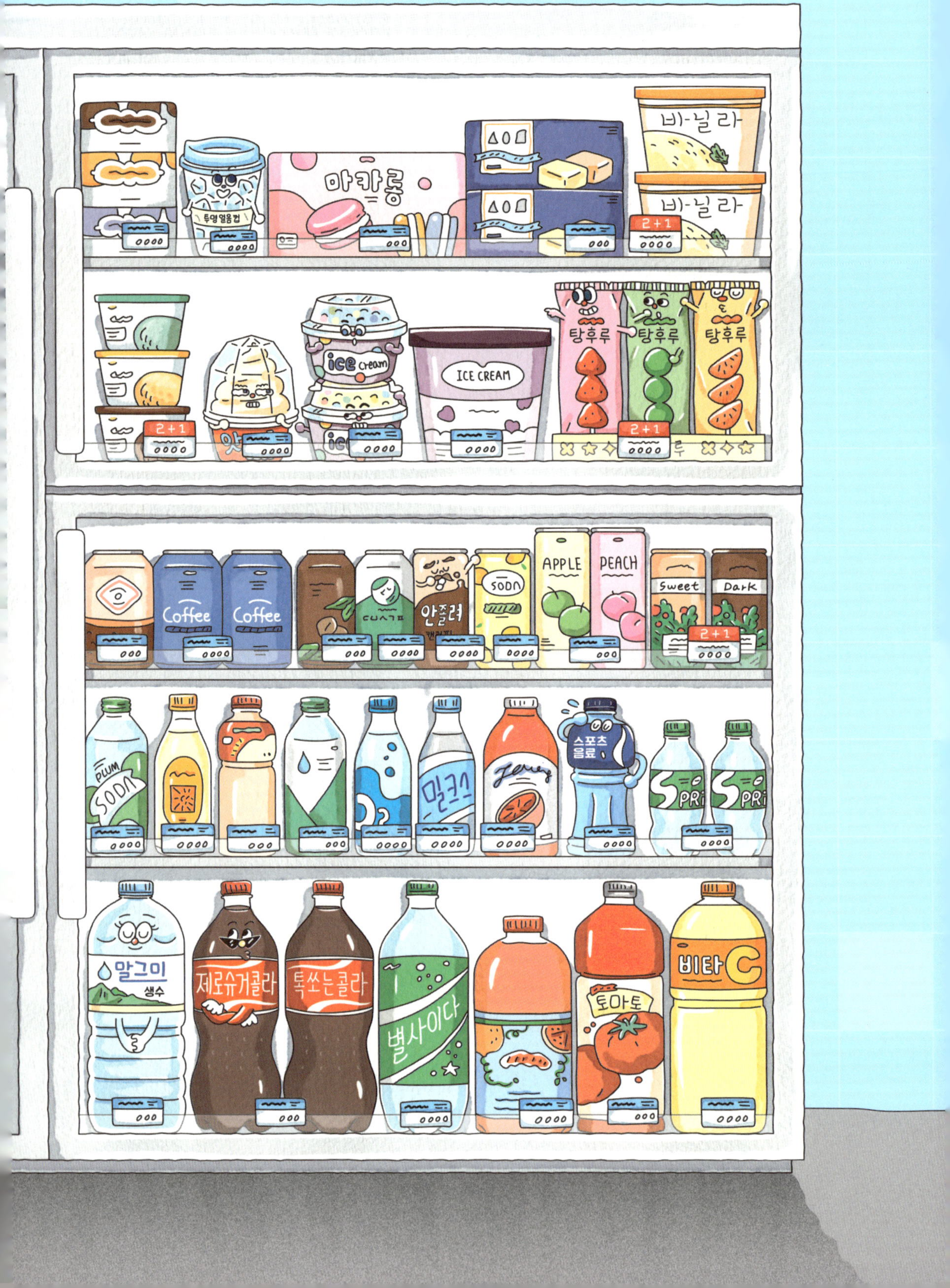

투명얼음컵
마카롱
비-닐라
비-닐라
2+1
ice cream
ICE CREAM
탕후루
탕후루
탕후루
2+1
2+1
Coffee
Coffee
안졸려
soda
APPLE
PEACH
Sweet
Dark
2+1
PLUM SODA
밀크스
스포츠 음료
말그미
생수
제로슈거콜라
톡쏘는콜라
별사이다
토마토
비타C

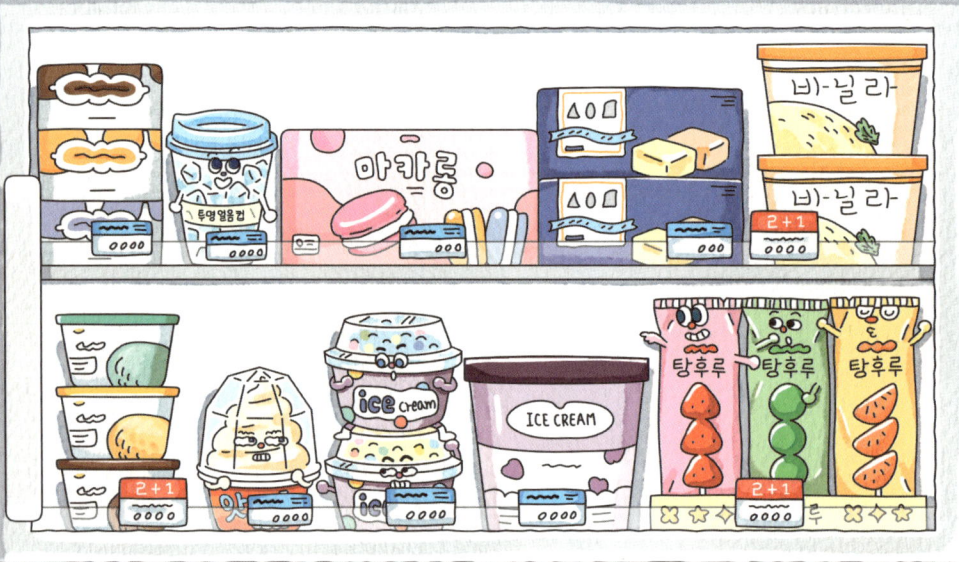

음료 & 아이스크림 코너

머리가 아파도 여름엔 내가 필수!

콜라는 왜 톡 쏠까?

나와 내 친구 사이다처럼 톡 쏘는 음료를 탄산음료라고 해. 탄산음료의 톡 쏘는 맛의 비밀은 바로 이산화 탄소야.

나를 만들기 위해서는 물에 맛을 내는 다양한 재료와 이산화 탄소를 녹여야 해. 기체도 설탕이나 소금처럼 물에 녹일 수 있냐고? 그럼! 조건만 맞는다면 얼마든지 가능해!

설탕이나 소금 같은 고체는 물의 온도가 높을수록 잘 녹아. 그런데 기체는 온도가 낮고 압력이 높을 때 물에 잘 녹아. 물을 그냥 둔다고 해서 공기 중에 있는 이산화 탄소가 저절로 계속 물에 녹는 건 아니라는 말이야.

이산화 탄소는 온도가 낮을 때 물에 더 잘 녹아. 시원한 탄산음료와 미지근한 탄산음료를 투명한 유리잔에 따라 보면 눈으로 직접 확인할 수 있어. 미지근한 탄산음료에서 공기 방울이 더 많이 올라와. 이산화 탄소가 물에 더 녹아 있지 못하고 공기 중으로 나와서 그래. 미지근한 탄산음료를 마시면 이미 이산화 탄소가 빠져나갔기 때문에 톡 쏘는 맛이 덜하지. 반면 냉장고에 두었던 시원한 탄산음료는 공기 방울이 적게 올라와서, 톡 쏘는 맛을 더 느낄 수 있어.

뚜껑을 꼭 닫아 보관한 탄산음료와 뚜껑을 열어 보관한 탄산음료도 비교해 봐. 뚜껑을 꼭 닫은 탄산음료가 더 톡 쏴. 뚜껑을 꼭 닫은 탄산음료는 압력이 높아서 이산화 탄소가 음료에 더 많이 녹아 있을 수 있거든. 그러니까 나를 마신 다음에는 뚜껑을 꼭 닫고, 차가운 곳에 보관해야 톡 쏘는 맛을 느낄 수 있어!

설탕이 '0'인데 왜 달콤할까?

어른들이 나를 많이 못 마시게 하는 이유는 내 안에 있는 설탕 때문에 충치가 생기고, 비만이 될 수도 있기 때문이야. 그래서 속상한 사람들을 위해 '제로 슈거 콜라'가 만들어졌어.

왜 제로냐고? 설탕이 제로(0)거든!

 설탕이 하나도 들어가지 않았는데 단맛이 나는 이유는 설탕 대신 인공 감미료를 넣었기 때문이야. 인공 감미료는 사탕수수에서 얻은 설탕과는 달라. 단맛을 내는 물질을 합쳐 만든 거야. 그래서 설탕이 아닌데도 단맛이 나는 거지.

 제로 슈거 콜라에 들어가는 인공 감미료 아스파탐은 설탕보다 200배 달고, 쿠키에 들어가는 인공 감미료 수크랄로스는 설탕보다 600배나 달아. 물론 대부분의 인공 감미료는 소화되지 않고 몸 밖으로 그대로 배출돼. 그래서 0칼로리라고 하는 거야.

 그렇다고 인공 감미료가 든 제로 슈거 식품을 많이 먹어도 되는 것은 아니야. 단맛에 익숙해지는 건 안 좋거든. 너무 많이 먹으면 설사를 할 수도 있어. 무엇이든 지나치면 좋지 않다는 사실을 기억해.

생수는 어떻게 만들까?

아무도 나 없이 살 수 없어. 나는 물이니까.

편의점에서 파는 나, 생수는 보통 지하수로 만들어. 지하수는 땅속 깊숙한 곳에서 흐르는 물이야. 어떻게 지하 깊숙한 곳에 물이 있냐고?

먼저 나, 물의 여행기를 들려줄게. 강이나 바다에 있는 물이 증발해서 하늘 높이 올라가. 물은 구름이 된 다음 비를 내려. 비로 내린 물은 땅속으로 스며들거나 강이나 바다로 흘러들어. 그리고 강이나 바다에 있는 물은 다시 하늘로 증발해서 구름이 되지. 그러니까 물은 지구 안에서 돌고, 돌고, 도는 거야. 신기한 여행이지?

지하수를 그대로 먹을 수는 없어. 더러운 물질을 제거해야 하지. 더러운 물질을 제거하기 위해, 지하 깊숙한 곳에서 끌어 올린 지하수를 그대로 둬. 그러면 무거운 더러운 물질이 가라앉아. 그리고 거름종이로 거르듯, 아주 작은 구멍을 통과한

깨끗한 물만 모아. 이 과정을 여러 번 거친 뒤 자외선으로 살균도 하면, 짜잔! 생수가 완성돼.

왜 생수에서 미세 플라스틱이 나올까?

요즘 사람들은 나를 사 먹는 것을 주저하고 있어. 왜냐고? 나에게서 미세 플라스틱이 나왔거든. 미세 플라스틱은 5밀리미터보다 작은 플라스틱 조각을 말해. 그런데 생수에서 발견된 미세 플라스틱은 1밀리미터를 1,000으로 나눈 정도의 아주 아주 작은 크기야. 눈에 전혀 보이지 않아. 정말 작아서 사람 몸의 어느 곳에라도 들어갈 수 있고, 건강에도 나쁜 영향을 주지.

하지만 나는 좀 억울해. 내 탓만은 아니거든. 바다와 강물에 미세 플라스틱이 많아. 사람들이 쓰고 버린 비닐이나 페트병 같은 플라스틱 때문이지. 플라스틱 쓰레기는 바다를 떠다니다가 점점 작은 조각으로 부서져 바닷물에 섞여. 문제는 이런 미세 플라스틱이 강과 바다의 물이 하늘로 증발할 때 같이 올라간다는 거야. 수증기와 같이 구름을 이루다가 비가 내릴 때 다시 내려오는 거지. 그래서 비가 내리면 미세 플라스틱도 이곳저곳 흩어져 들어가.

  지하수의 더러운 물질을 거르는 것처럼 미세 플라스틱도 거르면 되지 않느냐고? 문제는 미세 플라스틱이 너무 작아서 정수 과정에서 걸러지지 않는다는 거야. 그래서 나한테도 미세 플라스틱이 들어온 거고. 다행히 미세 플라스틱을 거르는 장치를 얼마 전부터 사용하기 시작했어.

  그런데 나에게만 미세 플라스틱이 없으면 괜찮을까? 아니야. 강이나 바다에는 미세 플라스틱이 그대로 남아 있어서 언제 다시 사람들 입으로 들어갈지 몰라. 물고기 몸으로도 들어갈 수 있고. 그러니까 플라스틱 제품을 많이 사용하지 않고, 사용하더라도 분리배출을 철저히 하는 것이 중요해.

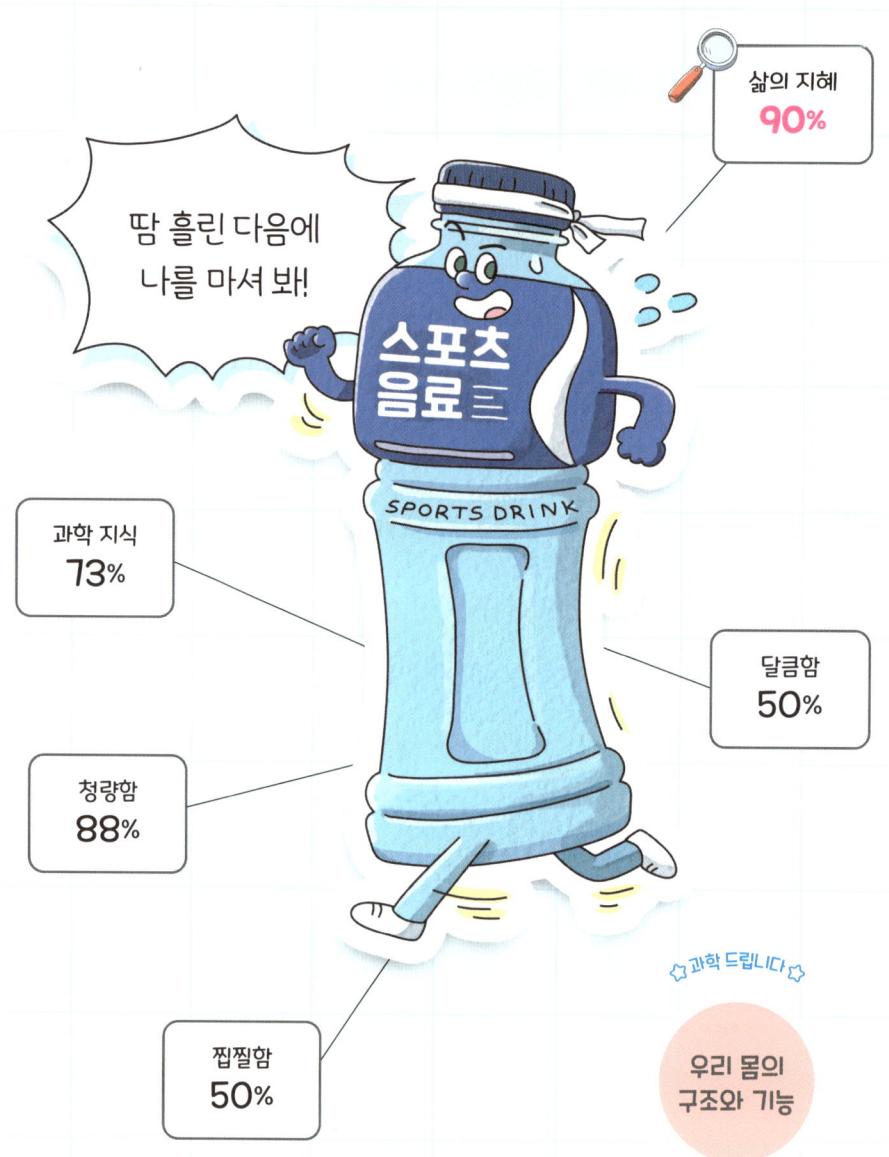

스포츠 음료와 물은 뭐가 다를까?

줄넘기하고 나면 뭐가 생각나? 달리기하고 나면 뭐가 생각나? 아마도 나일걸? 나는 특별한 맛도, 색도 없는 물과는 달라. 맛도, 색도, 성분도 다르지. 내가 물과 다른 이유는 바로 음료에 전해질이 많이 녹아 있기 때문이야. 전해질은 물에 녹아 전기를 통하게 하는 물질로, 사람 몸의 근육과 신경이 잘 움직이게 도와줘. 소금도 전해질이지. 나를 마시면 찝찌름한 맛이 나.

나를 처음 만든 곳은 미국에 있는 한 대학 연구소야. 미식축구팀이 경기를 더 잘하게 하려고 발명했지. 미식축구팀이 경기를 잘하는 것과 내가 무슨 상관이냐고? 아주 밀접한 관련이 있어.

미식축구 선수들은 경기를 하면서 땀을 뻘뻘 흘려. 맞아, 미식축구 선수뿐 아니라 달리기를 해도, 농구를 해도 땀이 뻘뻘 나지. 문제는 땀에 전해질이 녹아 있다는 거야. 땀을 뻘뻘 흘리면 사람 몸에 물과 전해질이 부족해지고, 몸을 조절하는 능력이 떨어지게 돼. 이게 바로 운동하면서 나를 마시는 이유야. 수분 보충은 물론 전해질도 섭취하게 해서 계속 운동할 수 있게 해 주거든.

운동 경기에서 승리하고 싶다면 나를 마셔 봐. 아주아주 조금은 도움이 될지도 몰라.

열이 날 때 스포츠 음료를 마시면 도움이 될까?

사람의 체온은 약 36.5도야. 춥거나 덥거나 항상 일정한 체온을 유지해. 사람뿐 아니라 돼지, 말, 소, 토끼, 호랑이, 늑대 등과 같은 포유류는 항상 체온이 일정해. 도마뱀이나 카멜레온 같은 변온 동물이 주변 온도에 따라 체온을 바꾸는 것과 달라.

하지만 열이 날 때는 체온이 올라가. 보통 열이 나서 아픈 거라고 생각하기 쉽지만, 사실 아파서 열이 나는 거야. 무슨 이야기냐고? 사람 몸에 세균이나 바이러스가 침입하면 몸이 아파 와. 그러면 몸은 세균이나 바이러스를 죽게 하려고 체온을 높여. 즉 체온을 높여서 스스로를 지키는 거지.

펄펄 열이 날 때는 몸이 너무 힘들어서 아무것도 먹고 싶지 않다고들 해. 하지만 열이 나서 아무것도 먹고 싶지 않아도 꼭 먹어야 하는 것이 있어. 바로 물과 전해질, 그리고 당분이야. 내 안에는 세 가지가 모두 들어 있어. 체온을 항상 일정하게 유지하는 동물은 열이 높아지면 생명이 위험할 수 있어. 그래서 물을 많이 마셔서 오줌을 배출해 열을 내리고, 수분을 보충해. 그리고 당분을 먹어 부족한 에너지를 만드는 것도 중요하지. 전해질은 근육과 신경의 운동을 도와서 몸이 빨리 회복할 수 있도록 도와줘.

그렇다고 나를 매일 물처럼 마시는 것은 좋지 않아. 영양 성분을 지나치게 많이 섭취하는 것도 몸에 안 좋거든. 그러니 일상생활에서는 나 대신 물을 마시도록 해!

어린이는 커피를 마시면 안 될까?

나른한 봄, 너무너무 졸려 어쩔 줄을 모를 때가 있어. 이럴 때 '엄마처럼 커피 한 잔 마시면 좋을 텐데…….'라고 생각해 본 적 있을 거야. 어른들은 얼마나 맛있으면 매일 커피를 마실까? 커피를 마시면 정말 안 졸릴까? 하지만 어른들에게 물어보면 모두 똑같이 말할 거야. 어린이는 나를 마시면 안 된다고 말이야.

맞아. 어린이는 커피를 마시면 안 돼. 바로 커피 속에 들어 있는 카페인 때문이야. 카페인은 몇몇 식물이 동물을 쫓기 위해 스스로 만들어 낸 물질이야. 커피나무 열매나 초콜릿을 만드는 원료인 카카오에도 들어 있어.

카페인을 사람이 섭취하면, 일시적으로 피로나 스트레스를 줄여 줘. 또 졸음 신호를 전달하는 것을 방해해. 어른들이 매일 커피를 마시는 이유도 이 카페인 때문이야. 문제는 카페인에 부작용이 있다는 거야. 카페인을 너무 많이 섭취하면 맥박

수가 증가하고 심장이 두근거려. 자고 싶어도 잠이 오지 않는 불면증을 겪을 수 있지. 특히 심장 질환을 가진 사람에게 더 안 좋아. 아직 성장하고 있는 어린이라면 카페인 부작용은 더 커질 수 있어. 성장을 방해하기도 하거든.

편의점에는 커피뿐 아니라 탄산음료, 에너지 음료, 커피 우유 등 카페인이 들어 있는 음료가 많아. 이런 음료는 어른에게도 좋지 않으니, 어린이에게는 더더욱 안 좋지. 그러니 아무리 커피를 마시고 싶어도 꾹 참으면 어떨까?

왜 커피를 마시면 지구가 아플까?

이건 좀 미안한 이야기야. 사실 나는 어른과 어린이뿐 아니라 지구에도 나쁜 영향을 주고 있어.

커피가 생산되는 곳은 주로 동남아시아와 남아메리카야. 농민들이 자기 밭에 커피 농사를 지으면 문제가 되지 않아. 하지만 문제는 주로 기업이 운영하는 대규모 커피 농장에서 커피가 자란다는 거야. 다른 작물은 기르지 않고 오직 커피만 기르면, 땅은 몇 년도 안 지나서 영양분을 잃고 황폐해져. 그래서 결국 어떤 작물도 자라지 못하는 죽음의 땅이 되지.

커피를 다른 나라까지 운송하는 것도 문제야. 커피를 많이 소비하는 유럽과 미국, 우리나라 등은 나라에서 커피를 생산하지 않아. 모두 비행기나 배를 이용해 멀리서 생산된 커피를 수입해. 이때 비행기나 배가 움직이면서 많은 양의 이산화 탄소가 나와. 이산화 탄소는 지구 온도를 높여 지구 온난화를 일으키지. 지구 온난화로 동물들은 점점 살 곳을 잃고, 이상 기후가 일어나고, 해수면이 상승해.

우아하게 마시는 커피 한 잔 때문에 지구가 점점 더 뜨거워지고, 지구가 점점 더 아파질 수도 있다는 사실을 기억해.

• 아이스 코너 •

앗 차가 아이스크림

소프트아이스크림은 어쩜 그리 부드러울까?

막대가 붙어 있는 하드, 달콤한 과즙 맛 얼음 알갱이, 갈린 얼음을 쪽쪽 빨아 먹는 슬러시까지! 내 친구들은 모두 편의점 인기 먹거리야. 그중에서도 남녀노소 가리지 않고 가장 인기 있는 건 바로 나, 소프트아이스크림이지. 나는 차갑고 시원하기도 하지만 달콤하고 부드러워서 디저트로 딱이거든!

내가 다른 아이스크림보다 특별히 더 부드러운 데는 두 가지 이유가 있어.

첫 번째는 바로 우유를 넣었다는 거야. 우유, 물, 그리고 맛을 내는 성분을 넣고 섞은 게 나야. 슬러시나 얼음 알갱이가 부드럽지 않은 이유는 우유, 정확히 말해서는 우유 속 지방 성분이 없기 때문이지.

두 번째는 공기야. 보통은 공기가 아이스크림의 30~80퍼센트를 차지하고 있지. 배신감을 느낀다고? 그러진 말아 줘! 아이스크림이 부드러워지려면 어쩔 수 없어. 나를 부드럽게 만들려면 재료가 얼기 전부터 여러 번 저어서 공기를 많이 품을 수 있도록 해야 해. 수시로 말이야. 다 부드러운 나를 위한 작업이니 이해해 주길 바라!

아이스크림을 먹으면 왜 머리가 띵할까?

차가운 나를 먹을 때, 단 하나 불편한 것이 있어. 바로 아이스크림 두통이야. 아이스크림을 한 번에 많이 먹으면 갑자기 머리가 아파 와. 단지 아이스크림을 먹었을 뿐인데 왜 두통이 생기는 걸까?

먼저 차가운 것을 느끼는 감각에 대해 알아보자. 사람 몸에서 온도가 내려가는 자극을 느끼는 곳을 '냉점'이라고 해. 냉점은 얼굴과 손 등 피부에 많이 퍼져 있지. 냉점 주변 피부에는 따뜻함을 느끼는 온점, 눌림을 느끼는 압점, 촉감을 느끼는 촉점, 아픔을 느끼는 통점도 있어. 냉점은 보통 12~40도 사이의 온도에 반응해. 온도가 내려가는 변화가 느껴지면 냉점에 있는 세포가 신경을 통해 뇌로 신호를 보내. 너무 차가우면 손을 떼도록 근육에 명령을 내리지.

 하지만 아이스크림 두통은 보통의 차가운 감각을 느끼는 것과는 달라. 아이스크림 때문에 입과 목구멍이 갑자기 차가워지면, 뇌를 지나는 혈관에 영향을 주어 일시적으로 머리가 아픈 거지.

 아이스크림 두통도 피부 감각처럼 몸을 보호하기 위해서 신호를 보내는 거야. 사람의 몸은 뜨겁거나 차갑거나 아픈 감각을 느낌으로써 몸을 보호해. 생각해 봐. 뜨거운 물을 만졌는데 뜨거운 줄 모르고 손을 계속 담그고 있거나, 차가운 아이스크림 때문에 뇌로 가는 피의 양이 줄어들었는데 알지 못하고 계속 차가운 아이스크림을 먹는다면, 사람 몸에 이상이 생길지도 모르잖아.

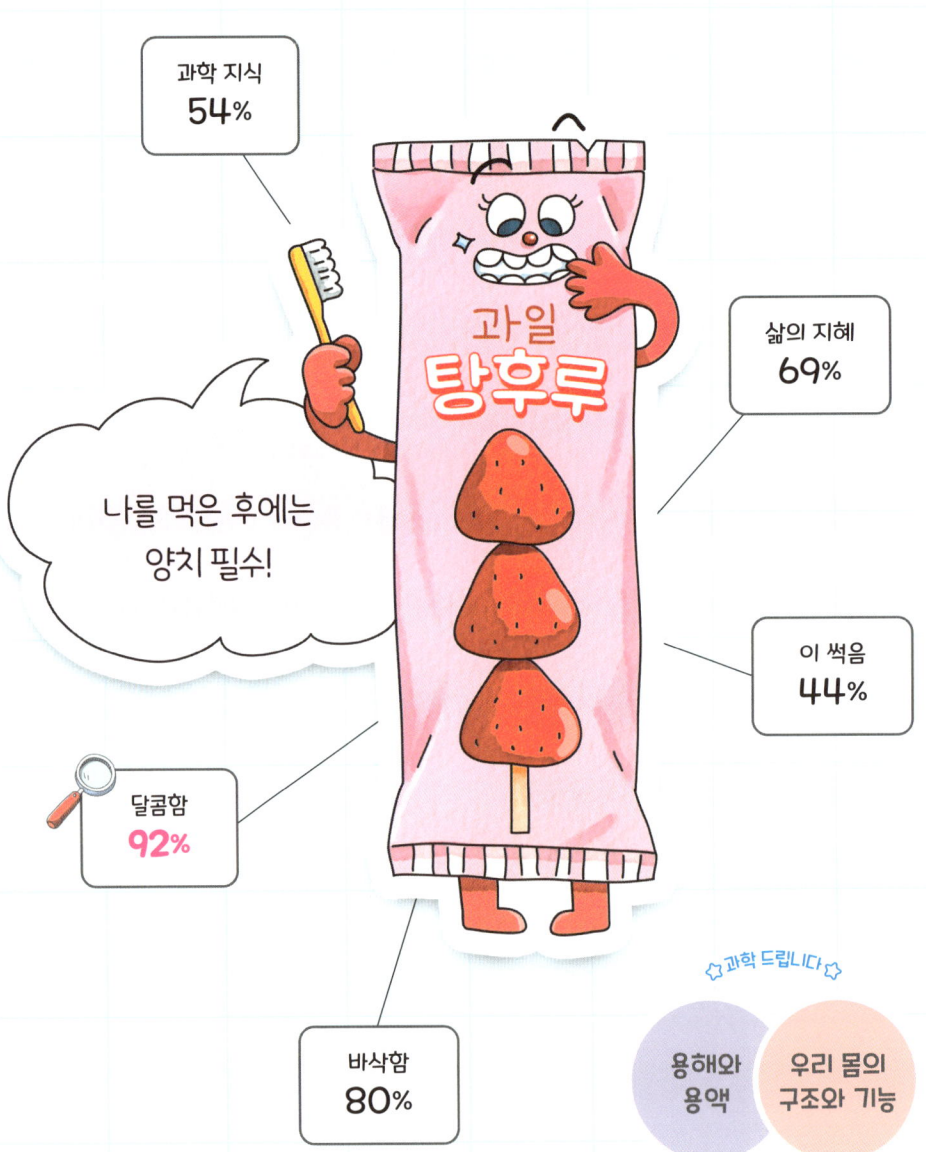

탕후루 시럽은 왜 저으면 안 될까?

나는야, 탕후루! 나를 한 입 베어 물면 바사삭 부서지면서 달콤한 과일 맛이 입안에 퍼지지. 나를 만드는 방법은 간단해 보여. 물기를 닦은 과일을 꼬치에 꿰어 설탕 시럽을 묻히기만 하면 되거든. 하지만 어려운 부분이 있어. 바로 끈적이지 않고, 바사삭 부서지는 시럽이 필요하다는 거야.

시럽은 물과 설탕을 가열해 만들어. 설탕이 물에 녹은 다음 물이 증발하면, 찐득한 시럽이 완성되는 거지. 이때 주의할 점이 있어. 절대로 시럽을 저으면 안 돼. 물에 소금을 녹일 때 더 잘 녹이려고 막대로 휘휘 젓는 것을 생각하면 안 돼. 가열한 시럽을 휘휘 저으면 녹아 있던 설탕에 공기 방울이 들어가 덩어리가 만들어지거든. 그리고 너무 끓여서 시럽이 갈색이 되어도 안 돼. 찐득하고 탄 맛이 나.

매끈한 탕후루를 만들려면 시럽을 젓지 말고 가만히 둬야 해. 시럽이 투명한 노란색으로 변하기 시작할 때 과일 꼬치를 시럽에 묻힌 다음 얼음물에 담가 빠르게 식혀. 그러면 탕후루 완성이야!

설탕 시럽은 아주아주 뜨거워서 화상을 입기 쉬워. 가급적 집에서 만들지 않는 것이 좋고, 만약 집에서 만든다면 부모님이나 어른과 함께 조심조심 만들어야 해. 그리고 탕후루를 먹고 나서는 바로 양치질해야 하는 거 알지? 끈적한 시럽이 치아 곳곳에 달라붙어 있을 테니 양치는 필수야!

달콤한 음식은 왜 자~꾸 생각 날까?

나를 먹으면 계속 먹고 싶어. 나뿐 아니라 초콜릿이나 사탕도 마찬가지야. 단 음식이 자꾸 끌리는 이유는 설탕 때문이야. 설탕은 사람 몸에 빠르게 흡수되고, 혈당을 빠르게 올려. 혈당은 피에 있는 당을 말하는데, 여기서 당은 단맛이 있는 탄수화물을 뜻해. 혈당이 올라가면 사람 몸은 혈당을 낮추려고 당분을 분해하는 호르몬을 분비해. 호르몬 덕분에 혈당은 다시 빠르게 낮아져. 호르몬은 사람 몸의 상태를 유지하도록 조절하는 물질이거든.

문제는 설탕을 많이 먹으면 혈당이 급격히 올라가고 내려가는 과정이 반복된다는 거야. 그러다가 단것을 먹는 것이 습관화되지.

달콤한 것을 습관적으로 먹게 되면 당뇨병에 걸리기 쉬워. 당뇨병은 혈당을 스스로 조절하지 못하는 병이야. 그러니까 설탕이 들어간 달콤한 음식을 너무 많이, 자주 먹지 않는 것이 중요해.

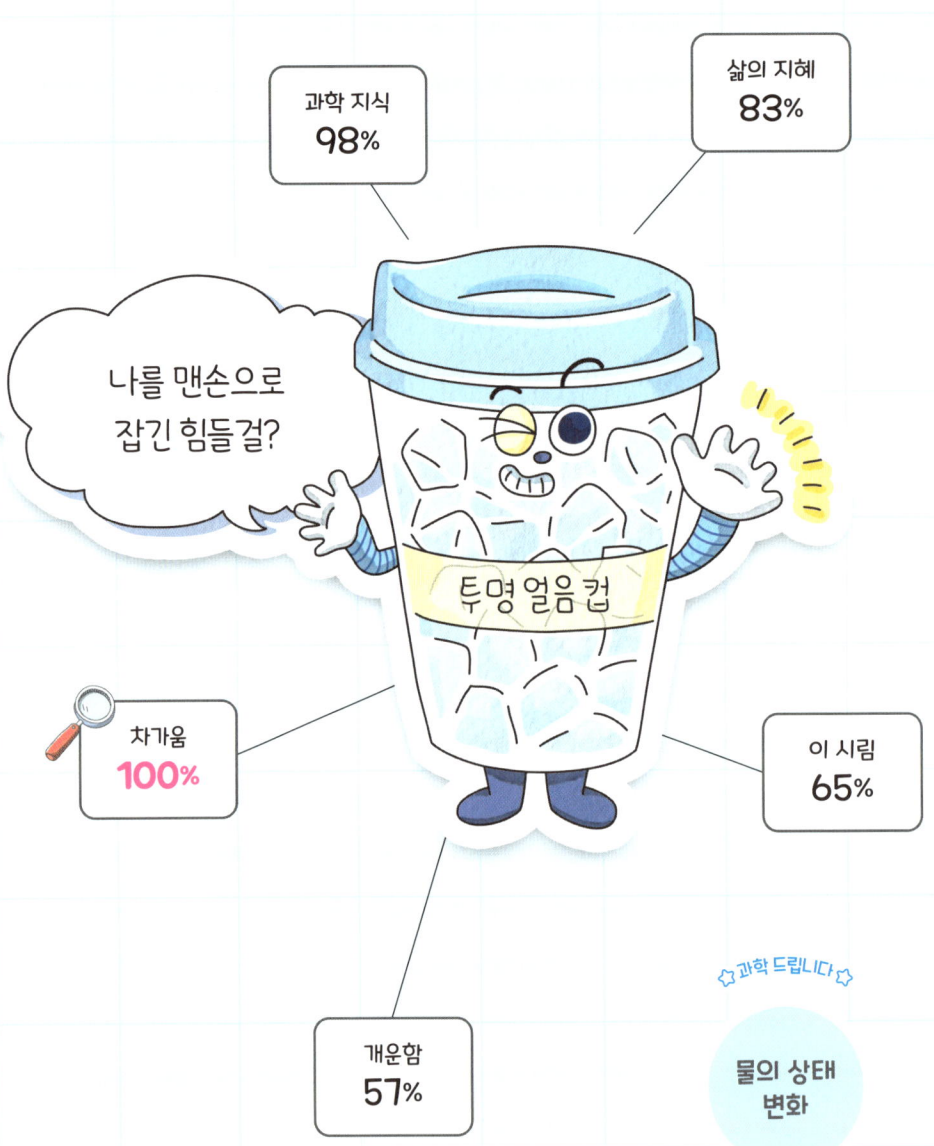

얼음을 마실 때 왜 자꾸 얼음이 코에 닿을까?

나, 투명 얼음 컵에 물을 부으면 물이 시원해져. 얼음물을 마실 때마다 얼음이 자꾸 코를 건드려 귀찮았던 경험이 있을 거야. 얼음은 왜 자꾸 코에 닿을까? 물도 얼음도 다 같은 물인데 왜 얼음만 물 위에 동동 뜰까?

물과 얼음은 모두 '물'로 같은 물질이야. 둘의 차이점은 바로 물의 상태야. 액체인 물은 온도가 0도 아래로 내려가면 고체인 얼음이 되고, 100도 이상 올라가면 기체인 수증기가 돼. 물뿐만 아니라 대부분의 물질이 온도에 따라 고체, 액체, 기체로 물질의 상태가 달라지지. 그리고 보통 온도가 높아질수록 물질의 부피가 커져. 고체보다 액체의 부피가 크고, 액체보다 기체의 부피가 크지.

하지만 물은 조금 특이해. 다른 물질과 달리 물은 고체일 때 부피가 커지거든. 생수병 뚜껑을 닫은 채 물을 냉동실에 얼리면 생수병의 밑바닥이 볼록하게 튀어나와. 플라스틱 물병에 물을 가득 담아 얼리면 병이 깨지기도 해. 물이 얼면서 부피가 커지기 때문이야. 얼음이 되면서 액체 물보다 부피가 더 커졌기 때문에, 같은 부피라면 얼음이 더 가벼워. 그래서 물 위에 얼음이 동동 뜨는 거야.

 추운 겨울에도 호수나 강의 윗부분에만 얼음이 있어. 물의 윗부분에 찬 공기가 먼저 닿는 이유도 있지만, 가벼운 얼음이 물 위로 뜨기 때문이지. 덕분에 겨울에 호수나 강이 얼어도 물고기나 생물들은 꽁꽁 얼지 않고 겨울을 날 수 있어.

얼음은 왜 미끄러울까?

 겨울이 되면 즐길 수 있는 스케이트! 스케이트를 신고 얼음 위에 서면 미끌미끌 미끄러워서 중심을 잡기가 어려워.

 얼음 위에 섰을 때 미끄러운 이유는 맞닿은 표면이 녹아 얇은 물 층이 생기기 때문이야. 얼음 위에 녹은 물이 얇게 퍼져 미끄럽게 만들지.

땅을 걸을 때, 바닥 면과 신발 밑창 사이에는 앞으로 나가려는 것을 막으려는 힘이 있어. 그런 힘을 '마찰력'이라고 해. 그래서 넘어지지 않고, 앞으로 잘 걸을 수 있지. 줄다리기할 때도 마찰력이 아주 중요해. 신발과 땅바닥의 마찰력이 높을수록 미끄러지는 것을 방지하고 더 많은 힘을 발휘할 수 있지.

하지만 얼음 위에서는 얇게 퍼진 물 층 때문에 신발과 바닥 면의 마찰이 줄어 미끄러워. 비 오는 날 바닥이 더 미끄러운 것도 같은 이유야.

얼음 두 개를 가까이 두면, 잠시 후 두 얼음이 붙어 버려. 차가운 얼음에 손을 대면 손이 얼음에 붙기도 하고. 이것도 얼음 표면에 얇게 물 층이 생겼다가 다시 얼면서, 얼음끼리 또는 손이 달라붙은 거야.

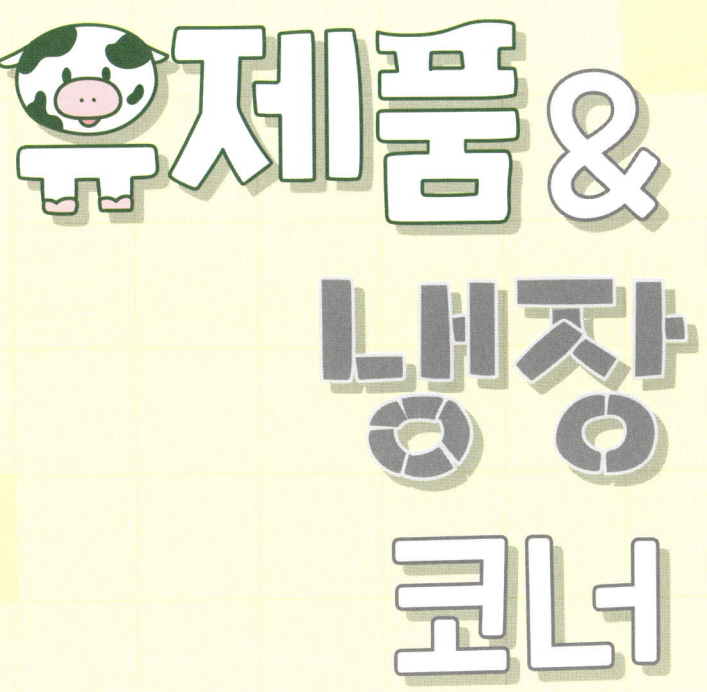

보기만 해도 배가 부른 우리 코너를 소개하지!

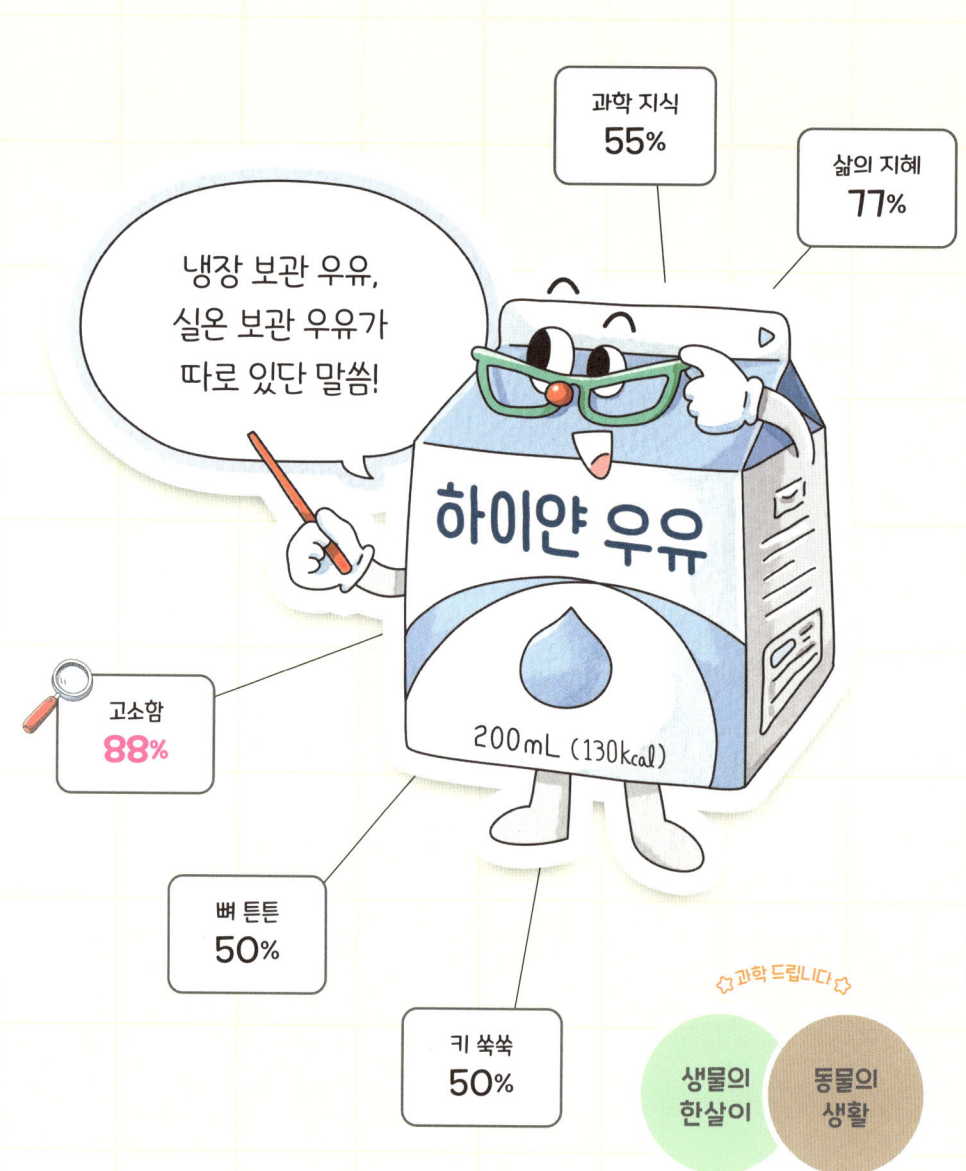

멸균 우유는 정말 냉장고에 안 넣어도 될까?

편의점에는 나와 내 친구들이 정말 많아. 똑같은 하얀 우유여도 나처럼 집 모양 우유갑에 담긴 우유와 직사각형 모양 우유갑에 담긴 멸균 우유가 있지. 멸균 우유는 나와 달리 냉장고에 보관하지 않아도 돼. 이유가 궁금하지? 내가 그 비밀을 알려 줄게.

소의 젖에서 짠 하얀 우유는 영양 성분도 많고 맛도 좋아. 이런 우유에는 사람 눈에 보이지 않는 아주 작은 생물인 미생물이 많이 들어 있어. 건강에 좋은 미생물도 있고, 우유를 상하게 하는 미생물도 있지. 우유가 상하면, 즉 부패하기 시작하면 우유는 뭉쳐져 덩어리지고, 고약한 냄새를 풍겨. 상한 우유를 먹으면 배탈이 나.

이런 미생물을 없애기 위해 높은 온도에서 끓인 우유가 바로 멸균 우유야. 100도의 높은 온도에서 충분히 끓여, 우유에 있는 미생물을 모두 없앤 뒤 공기가 통하지 않게 밀봉한 거야.

마치 통조림처럼. 그래서 냉장고에 보관할 필요가 없어.

문제는 이렇게 높은 온도에서 우유를 끓이면, 미생물과 함께 영양 성분도 같이 파괴된다는 거야. 프랑스의 미생물학자 파스퇴르는 우유의 영양 성분과 풍부한 맛을 더 오래 지킬 방법을 연구했어. 바로 저온 살균법이지. 우유를 100도보다 낮은 온도에서 가열하면 우유 속 일부 미생물만 파괴할 수 있다는 것을 밝혔어. 미생물을 완전히 없애지는 못하기 때문에 유통 기한은 짧지만, 몸에 좋은 미생물을 살리고, 영양 성분이 파괴되는 걸 막을 수 있다는 장점이 있지. 그래서 나처럼 집 모양 우유갑에 담긴 저온 살균 우유는 냉장 보관이 필수야.

젖을 먹고 자라는 동물에는 누가 있을까?

나처럼 하얀 우유는 소의 젖으로 만들어. 소는 새끼를 낳아 젖을 먹여 키우는 포유류야. 소 말고도 사람, 양, 염소, 토끼, 고양이, 개, 사자, 고래 등 많은 동물이 포유류야. 포유류의 젖은 영양분이 풍부해. 갓 태어난 어린 동물들은 혼자 먹이를 먹을 수 없고, 오직 어미의 젖으로만 영양분을 섭취하니까. 그래서 오래전부터 사람들은 동물의 젖을 먹었어. 지중해에서는 양의 젖을, 아프리카에서는 염소 젖을, 인도에서는 물소 젖을, 서아시아에서는 낙타 젖을 먹었지. 각 나라에서 키우는 가축의 젖으로 영양분을 보충한 거야.

사람이 기르는 가축은 초식 동물이 많아. 보통 네 개의 위를 가지고 되새김질하는 동물이지. 그런데 왜 위를 네 개나 갖고 있어야 하는지 알아? 초식 동물은 풀만 먹고도 충분한 영양분을 내야 해. 그래서 되새김질을 하고, 위에 머무는 시간을 길게 해서 영양분을 최대한 흡수하는 거야. 들판에 널린 풀만으로 영양분을 충분히 섭취하기 위해서지.

푸딩은 액체일까, 고체일까?

작은 숟가락으로 나를 톡 건드려 봐. 흔들흔들 흔들리지만, 부서지지는 않는 걸 볼 수 있어. 입에 넣어도 터질 듯 터지지 않고, 탱글탱글해. 그래서 많은 사람이 내가 고체인지, 액체인지 궁금하다고 해. 모양을 갖추고 있는 것을 보면 고체 같아. 하지만 담은 그릇에 따라 모양이 달라지는 것을 보면 액체 같기도 하지. 이렇게 사람들을 헷갈리게 하는 이유는 바로 젤라틴 때문이야.

나를 만들려면 달걀노른자, 우유, 크림치즈, 설탕 그리고 젤라틴 가루가 필요해. 젤라틴은 동물의 가죽이나 뼈에서 얻은 성분이야. 젤라틴 가루를 뜨거운 물에 녹인 다음 다른 재료와 섞어 용기에 넣고 식히면 용기 모양대로 탱글탱글하게 굳어 푸딩이 완성돼.

젤라틴 가루가 물에 녹는 과정은 좀 특이해. 소금이나 설탕이 물에 녹는 것과는 아주 다르지. 소금이나 설탕은 물에 완전히 녹지만, 젤라틴은 아니야. 물에 녹은 작은 젤라틴 입자는 완전히 녹지 않아. 아주 작은 덩어리가 물속에 고루 퍼진 상태가 되거든. 이 상태를 가리켜 '콜로이드' 또는 '겔'이라고 해. 식으면 고체 같기도, 액체 같기도 한 상태가 되는 거지.

그래서 나는 액체도 고체도 아니고, 콜로이드 상태야. 액체와 고체의 중간 정도의 특징을 가지고 있어서 고체처럼 일정한 모양을 유지하면서도, 액체처럼 단단하진 않지. 아주 재미있는 상태지?

치즈는 어떻게 만들까?

노란색 체다치즈, 피자를 만들 때 넣는 피자치즈, 파스타에 뿌려 먹는 파마산치즈, 빵에 발라먹는 크림치즈 등. 세상에는 정말 다양한 치즈가 있어. 모양과 맛이 다른 여러 치즈의 공통점은 모두 우유로 만든다는 거야.

종류에 따라 다르지만 많은 치즈가 우유나 동물의 젖을 발효시켜 만들어. 발효는 미생물이 음식물 속 영양분을 먹으면서 사람 몸에 이로운 물질을 만들어 내는 것을 말해. 미생물의 작용이지만 몸에 좋지 않은 물질이 생기는 부패와는 다르지.

다른 발효 음식도 알려 줄게. 바로 김치, 된장, 간장이야. 음식이 발효하게 되면 미생물의 활동으로 기존 음식이 새로운 맛과 향을 갖게 돼. 그래서 김치는 발효할수록 맛이 더 좋아져. 콩으로 만든 메주를 소금물에 넣어 숙성시킨 뒤 건더기로 만든 된장, 그리고 남은 액체로 만든 간장도 발효할수록 맛이 더 깊어지지.

달걀이 짭조름한 이유는 뭘까?

맛도 있고 영양도 풍부한 달걀! 삶은 달걀에 소금을 살짝 찍어 먹으면 간식으로 최고야. 하지만 밖에서는 달걀에 소금을 찍어 먹기가 쉽지 않아. 소금을 들고 다닐 수는 없잖아? 그래서 편의점에서 파는 나는 간이 짭짤하게 딱 맞춰져 있어. 소금을 찍지 않았는데도 말이지.

나처럼 간이 배게 하려면 달걀을 삶을 때 물에 소금을 넣으면 돼. 소금물에 익힌 달걀은 간이 배어 짭짤해져. 단단한 껍질이 있는데 어떻게 간이 배냐고? 달걀 껍질에는 사람 눈에는 안 보이지만 물질이 드나들 수 있는 작은 구멍이 있어. 달걀 껍질 안에도 난막이라고 하는 두 겹의 얇은 막이 있는데, 여기에도 작은 구멍이 있어. 그래서 소금이 달걀 안쪽까지 전달될 수 있지.

달걀 안쪽까지 소금이 들어가는 것은 소금물의 농도 차이 때문이야. 소금물의 농도는 소금물의 진하기를 말해. 농도가 다른 두 소금물이 맞닿아 있으면 농도가 같아지려고 하거든. 그래서 농도가 높은 곳에서 농도가 낮은 곳으로 소금이 이동하는 거야. 양쪽의 농도가 같아질 때까지 말이야. 그러니까 달걀을 소금물에 삶으면 농도가 높은 소금물에서 농도가 낮은 달걀 안쪽으로 소금이 들어가는 거야. 물론, 달걀 껍질에 있는 작은 구멍을 통해서! 덕분에 사람들은 소금을 찍지 않아도 짭조름한 달걀을 먹을 수 있지.

유정란과 무정란은 무엇이 다를까?

마트에 달걀 종류가 너무 많아서 고르기가 어렵다고? 그중 유정란이 무엇인지 설명해 줄게. 달걀은 닭이 낳은 알이야. 닭, 오리, 비둘기와 같은 조류는 알을 낳아 번식하지. 이때 암탉과 수탉이 짝짓기해 낳은 달걀을 유정란이라고 해. 수탉 없이 암탉 혼자 낳은 달걀은 무정란이고. 암탉은 짝짓기하지 않아도 달걀을 만들 수 있거든.

 유정란은 짝짓기를 통해 암탉의 난자와 수컷의 정자가 수정된 달걀이야. 적절한 환경에서 품어 주면 병아리로 부화할 수 있어. 달걀은 하나의 세포야. 그리고 수정된 하나의 세포는 분열해서 세포 수를 늘려 심장, 부리, 눈, 뼈처럼 병아리가 될 각 기관을 만들지. 유정란이 병아리로 자라기 위해서는 24도 이상 온도에서 달걀을 21일 동안 품어 줘야 해.

 반면에 무정란은 수컷의 정자가 없어서 부화하지 못해. 아무리 따뜻하게 온도를 유지해 주어도 병아리가 될 수 없어.

 유정란과 무정란을 구별하는 방법은 날달걀을 직접 깨 보는 거야. 유정란은 노른자 위에 병아리가 될 부분이 하얀 점처럼 보이거든. 이 하얀 점을 '배자'라고 부르는데, 유정란은 배자 테두리의 동그란 경계가 또렷해. 하지만 무정란은 테두리가 불규칙해서 정확한 배자를 볼 수 없어.

소시지는 왜 세로로 터질까?

나를 전자레인지에 돌려 본 적 있을 거야. 전자레인지에 1분 정도 돌린 뒤 나를 꺼냈을 때를 떠올려 봐. 내 모습이 어때? 내 소시지 옆구리가 터져 있지 않았니?

비록 옆구리가 아프고 완전한 모습은 아니지만, 오히려 먹음직스러워 보이기도 해. 사실 전자레인지에 돌릴 때만 일어나는 일은 아니야. 나를 그릴이나 프라이팬에 구울 때도 마찬가지야. 잘 익은 소시지는 펑 소리를 내며 겉껍질인 케이싱을 터뜨려 버려. 케이싱은 소시지 겉에 있는 투명하고 얇은 막이야. 그런데 소시지가 항상 세로로 터진다는 사실, 알았니?

내가 터지는 이유는 바로 물체가 당겨질 때 받는 힘 때문이야. 고무줄을 손가락에 걸고 잡아 당겨 본 적 있지? 이때 고무줄에는 당겨지는 힘이 작용해. 천장에 멋진 전등이 매달려 있다면, 전등에 천장 쪽으로 잡아당겨지는 힘이 작용하지. 그리고 내 소시지도 마찬가지야.

나를 가열하면 안에 있는 수분이 가열되어 수증기로 변해. 그러면 부피가 커지면서 내 껍질인 케이싱을 터뜨려. 이때 기다란 원기둥 모양인 나는, 둥그런 가로 방향으로 껍질을 잡아당기는 힘이 기다란 세로 방향으로 껍질을 잡아당기는 힘보다 더 세거든. 그래서 상대적으로 힘이 약한 세로 방향으로 내 옆구리가 길게 터지는 거야.

사실 내가 세로 방향을 터졌건, 가로 방향으로 터졌건 상관없어. 나는 터지면 터질수록 더 맛있게 보이거든. 실제로도 맛있고!

소시지는 고기일까?

전자레인지에 살짝 데워 김이 모락모락 나는 나를 한 입 베어 물면, 고소한 육즙이 입안에 퍼져. 이런 나를 채식주의자인 친구가 먹고 싶다고 하면, 어떻게 하면 좋을까? 나는 고기로 만들었기 때문에 먹으면 안 되는 걸까?

원래 소시지는 다진 돼지고기를 양념한 다음 돼지 창자에 넣어 연기에 오랜 시간 익혀 먹는 음식이야. 하지만 요즘은 돼지 창자 대신 케이싱이라는 먹을 수 있는 껍질을 이용해. 양념한 고기를 케이싱에 넣어 모양을 만들고 오랜 시간 연기로 익히지. 그러니까 소시지는 고기의 한 종류가 맞아. 대신 밀가루와 다양한 양념 등 고기와 함께 들어가는 재료가 많아서 고기를 가공한 '가공식품'이라고 하는 것이 더 정확하지.

요즘은 고기가 들어가지 않는 소시지도 많아. 고기를 먹지 않고 채식을 하는 사람들이 많아져서 채식용 소시지가 나오는 거야. 콩과 함께 밀에 들어 있는 단백질을 오랫동안 반죽해 고기와 비슷한 느낌이 나도록 만들 수 있거든.

그런데 맛있는 고기를 왜 안 먹느냐고? 건강, 종교, 동물권, 환경 보호 등 사람마다 채식을 하는 이유는 다양해. 이유가 동물권이라면 고기가 될 동물들이 좋은 환경에서 살지 못하기 때문에 동물을 생각해 먹지 않는 것이고, 이유가 환경 보호라면 가축을 키우는 데 환경이 많이 훼손되기 때문에 채식을 하는 거야.

• 냉장 코너 •

엽기적으로 매운 떡볶이

과학 드립니다

식물의 생활

우리 몸의 구조와 기능

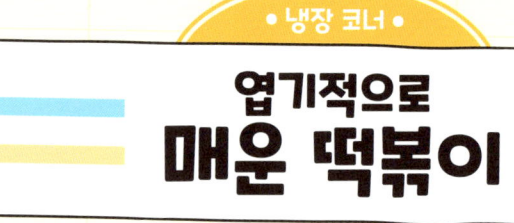

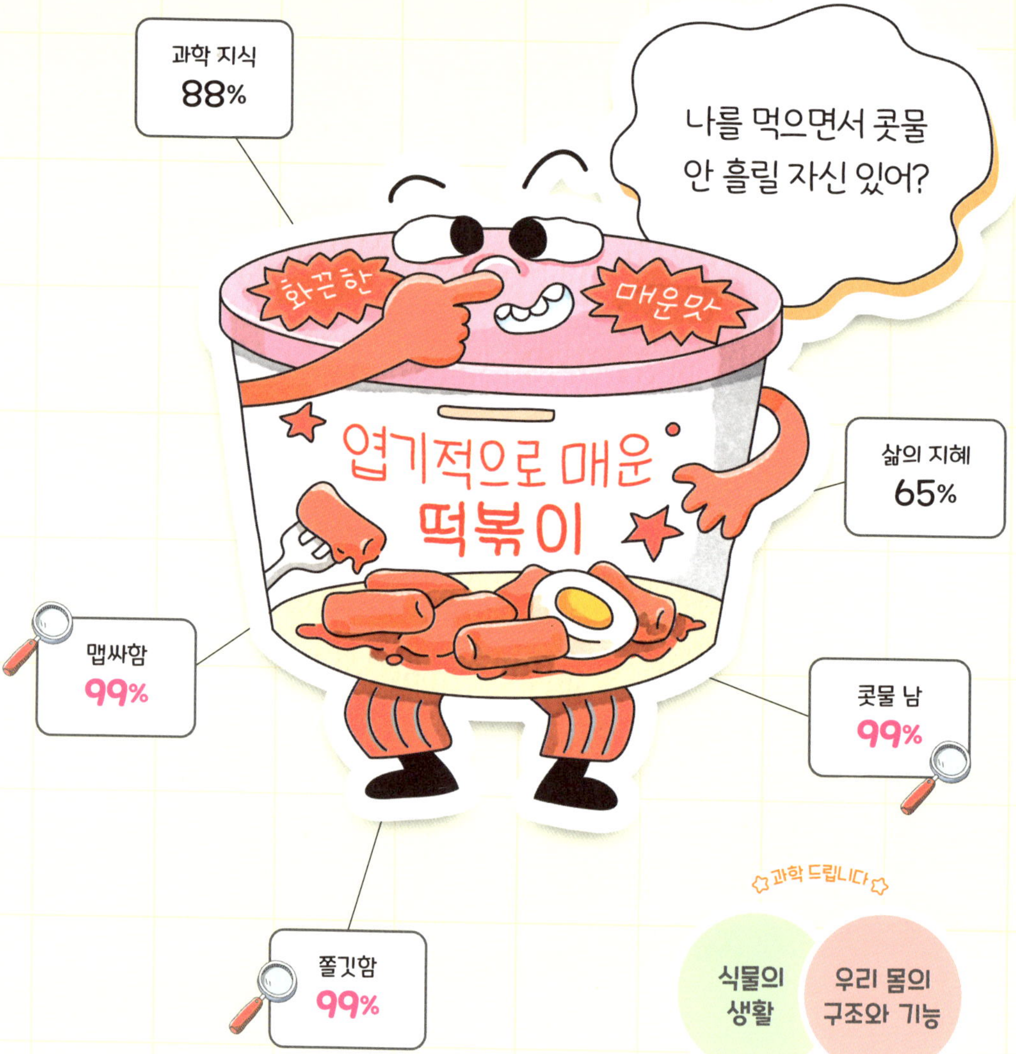

밀떡이 좋을까, 쌀떡이 좋을까?

요즘 친구들이 자꾸 나를 갖고 편을 나눈다는 이야기를 들었어. 밀떡파와 쌀떡파로 말이야. 둘 다 맛있는데, 왜 편을 나누는지 모르겠어. 그런데……. 밀떡과 쌀떡이 무엇이 다른지는 알고서 편을 나누는 거겠지?

밀떡은 밀로 만든 떡이야. 쌀떡은 벼에서 수확한 쌀로 만든 떡이지. 사실 밀과 벼는 모두 외떡잎식물로 겉모습이 닮았어. 기다란 대에 잎자루 없이 잎이 있고, 수염뿌리를 가졌어. 다만 밀은 건조한 곳에서 잘 자라고, 벼는 논처럼 물이 많은 곳에서 잘 자라. 밀과 벼 모두 햇빛으로 영양분인 포도당을 만들고, 몸에 저장할 때는 영양분을 녹말의 형태로 만들어 저장해. 그래서 밀과 쌀은 녹말이 주성분이야.

이제 차이점을 알아볼까? 밀떡과 쌀떡의 차이를 만드는 첫 번째 이유는 녹말의 성분이야. 쌀은 밀보다 찰기 있는 녹말 성분이 더 많아. 그래서 쌀떡이 밀떡보다 더 찰기 있고, 소화가 잘돼.

양념이 속까지 잘 배어들고 쫄깃한 것은 밀떡이지. 밀에는 단백질 성분인 글루텐이 있지만, 쌀에는 글루텐이 없거든. 이 글루텐 성분은 촘촘해서 양념이 속까지 잘 스며들게 도와줘. 또 쫄깃쫄깃하게 만들지. 그러니까 양념이 속까지 잘 배어들고 쫄깃한 떡볶이를 먹고 싶으면 밀떡을 먹으면 돼.

찰기 있고 소화가 잘되는 쌀떡! 양념이 잘 배어들고 쫄깃한 밀떡! 쌀떡과 밀떡 중 어느 떡을 좋아하건 상관없어. 떡볶이는 모두 맛있으니까!

매운 음식을 먹으면 왜 눈물, 콧물이 날까?

나를 먹을 때 몇 단계 맛을 먹어? 몇 단계를 좋아하건 매운 음식을 먹으면 정신이 하나도 없어. 입안은 얼얼한 데다가 눈물, 콧물까지 나니까. 그런데 왜 매운 음식을 먹으면 눈물, 콧물이 날까?

 매운맛을 내는 캡사이신이 통각을 자극해서 입안이 얼얼하고 화끈거렸다고? 그러면 조금만 기다려. 곧 땀이 뻘뻘 나고 눈물, 콧물이 쏟아질 테니까. 통각이 자극되면, 통증으로부터 몸을 보호하려는 활동이 시작되거든. 땀을 내서 열을 식히려 하고, 눈물과 콧물을 내서 통증을 일으킨 물질을 씻어 내려는 거지.

 몸을 보호하는 기능은 여기서 그치지 않아. 통증을 견디게 하는 물질인 엔도르핀도 분비한다는 사실! 엔도르핀이 분비되면 즐거워지고 통증도 줄어들거든. 사람들이 스트레스를 받을 때 나처럼 매운 음식을 찾는 것도 바로 엔도르핀 때문이야. 엔도르핀 때문에 스트레스가 풀렸다고 생각하는 거지. 그렇다고 매운 음식을 자주 먹으면 속이 아프니 조심해!

전자레인지로 어떻게 삼각김밥을 데울까?

나를 맛있게 먹는 방법은? 전자레인지에 20초 정도 데우는 거야. 그러면 밥이 따뜻하고 부드러워져서 더 맛있게 먹을 수 있어. 전자레인지를 이용하면 불을 사용하지 않고도 어린이도 삼각김밥을 데울 수 있지. 물론 전자레인지에서 데운 음식을 꺼낼 때는 조심해야 하지만.

불도 없는 전자레인지가 어떻게 음식을 데우는지 궁금하다고? 그건 나 삼각김밥이 잘 알려 줄 수 있어. 여러 번 전자레인지에 드나들다 보면 그 비밀을 다 알게 되는 법이니까.

전자레인지는 불 대신 마이크로파를 이용해 음식을 데우는 기계야. 마이크로파가 뭐냐고? 사람 눈으로는 볼 수 없는 빛의 한 종류야. 방송을 보내거나, 통신을 할 수 있게 해 주는 전파와 비슷하지. 햇빛이 따뜻하게 하는 에너지를 가진 것처럼 마이크로파도 물체를 따뜻하게 할 수 있는 에너지를 가지고 있어. 전자레인지에 음식을 넣고 작동 버튼을 누르면, 전자레인지에서 마이크로파가 나와. 그리고 음식 속에 있는 수분에 흡수돼. 음식에는 대부분 물이 있으니까. 물을 이루는 입자는 마이크로파의 에너지로 부르르 떨면서 진동해. 이 진동으로 열이 발생해서 음식이 따뜻해지는 거야.

전자레인지 안쪽에 있는 둥근 유리판 알지? 유리판이 빙글빙글 돌면서 마이크로파가 음식에 고루 닿을 수 있도록 돕는 거지.

까만 김은 어디에서 왔을까?

나를 만들 때 가장 중요한 재료는 뭘까? 뭐니 뭐니 해도 하얀 밥과 까만 김이지. 생각해 봐. 내 이름이 삼각'김밥'이잖아. 그중에서도 비리지 않고 바삭바삭한 김이 정말 중요해!

김은 우리나라 사람들이 즐겨 먹는 식품이야. 삼국 시대에도 김을 먹었다는 기록이 남아 있을 정도로 오랜 역사를 자랑해.

김은 바닷속에 사는 식물이야. 처음에는 암초에 붙어 자라는 김을 뜯어 국을 끓여 먹었어. 하지만 조선 시대부터 오늘날 사람들이 먹는 얇고 판판한 김을 먹기 시작했어. 바다에서 뜯어 온 김을 얇게 펼쳐 햇빛에 말린 다음 바삭하게 구운 거지.

 바다에 사는 김은 조류 중 하나야. 조류는 물속에 사는 식물 중 뿌리, 줄기, 잎이 구분되지 않는 식물을 말해.

 조류는 물의 깊이에 따라 색이 달라져. 얕은 바다에서는 파래처럼 초록색 색소를 가진 녹조류가 살고, 조금 더 깊은 바다에서는 미역, 다시마, 톳 같은 갈색 색소를 가진 갈조류가 살아. 그리고 더 깊은 곳으로 들어가면 김과 우뭇가사리 같은 붉은 색소를 가진 홍조류가 살아. 그래서 바다에서 막 올라온 김은 까맣지 않고 붉은색을 띠어.

• 냉장 코너 •

통통 햄버거

삶의 지혜 **92%**

과학 지식 **70%**

나에 대한 불편한 진실을 알고 싶어?

달콤함 **35%**

든든함 **66%**

짭짤함 **41%**

☆ 과학 드립니다 ☆

생물과 환경 | 우리 몸의 구조와 기능

햄버거는 정말 몸에 안 좋을까?

 내 안에는 정말 다양한 재료가 들어 있어. 빵, 양상추, 소고기 패티, 토마토, 치즈 그리고 소스까지! 그리고 각 재료에는 탄수화물, 단백질, 지방, 비타민 등의 영양소가 가득 들어 있지. 그런데 외국에서는 이렇게 맛있는 나를 정크 푸드, 바로 쓰레기 음식이라고 부르기도 해. 건강에 안 좋다면서. 정말 나는 몸에 안 좋은 음식일까?

 집에서 만들어 먹는 햄버거는 좋은 음식이야. 하지만 패스트푸드점에서 만든 햄버거는 얘기가 좀 달라. 패스트푸드점은 빠른 시간 안에 똑같은 맛이 나는 햄버거 여러 개를 조리해야 해. 조미료와 소금을 많이 사용할 수밖에 없지. 그러다 보니 자연스럽게 열량도 높아져.

 냉동된 고기 패티를 오래 보관할 수 있도록 식품 보존제도 사용하고, 또 먹음직스럽게 보이도록 식품 첨가물을 넣기도 하지. 이런 것들은 건강에 좋지 않아. 그리고 햄버거의 단짝 친구 감자튀김과 콜라 역시 열량이 높아 문제야. 세트로 함께 먹으면 너무 많은 열량을 섭취하게 돼. 그러니 햄버거가 먹고 싶다면 가공되지 않은 재료로 어른과 함께 만들어 먹어 봐!

왜 햄버거를 먹으면 환경이 파괴될까?

나를 둘러싼 좋지 않은 소문이 하나 더 있어. 나를 먹을수록 환경이 파괴된다는 거야. 바로 내 안에 들어 있는 패티 때문이지. 소고기를 갈아 만든 소고기 패티 말이야.

그런데 소문이 아니라 사실이라는 점이 나를 더 슬프게 해. 소고기를 먹을수록 지구 환경이 정말 파괴되거든. 소를 먹이기 위한 풀 때문이야.

소는 넓은 들판에서 풀을 먹고 자라. 풀을 아주아주 많이 먹지. 소가 넓은 들판에서 풀을 다 먹으면, 또 다른 풀밭이 필요해. 결국 소가 먹을 풀을 키우기 위해 사람들은 숲의 나무를 없애. 심지어 아마존의 열대 우림도 불태우는걸. 수십 년, 수백 년 자란 숲을 없애면 어떤 일이 벌어질까?

숲과 나무는 이산화 탄소를 흡수하고 산소를 내뿜어. 지금 지구는 사람들의 활동으로 이산화 탄소가 점점 늘어나고 있어. 자동차도, 비행기도, 공장에서도 많은 이산화 탄소가 나오지. 이산화 탄소는 지구를 뜨거워지게 하잖아. 그래서 나무를 심어 이산화 탄소를 줄여야 하는데, 오히려 있는 숲과 나무를 없애고 있어.

햄버거의 재료가 되는 소고기를 얻기 위해 숲을 없애고 풀밭을 만든다니, 햄버거인 내가 봐도 정말 슬픈 일이야. 앞으로 나를 먹기 전에 지구 환경을 한 번 더 생각해 보는 건 어떨까?

어디 과학 주는 곳
또 없나?

과학 드립니다

과자 사면 과학 드립니다
글 정윤선 | 그림 시미씨

문구 사면 과학 드립니다 (근간)
글 서원호 | 그림 윤동

과자 사면 과학 드립니다 2 (근간)
글 정윤선 | 그림 시미씨

롤러코스터 타면 과학 드립니다 (근간)
글 정윤선

수학 드립니다

수박 사면 수학 드립니다 (근간)